Paul E. Stepansky (Hrsg.) · *Margaret S. Mahler*

Paul E. Stepansky (Hrsg.)

Margaret S. Mahler

Mein Leben, mein Werk

Kösel

Übersetzung aus dem Amerikanischen: Adelheid Ohlig, München. Die Originalausgabe erschien unter dem Titel »The Memoirs of Margaret S. Mahler« bei The Free Press, A Division of Macmillan, Inc., New York

Die Übersetzung dieses Buches hat die René A. Spitz-Gesellschaft zur Förderung der Psychoanalyse e.V., deren Ehrenpräsidentin Margaret S. Mahler war, finanziell gefördert.

Printed in Germany
Druck und Bindung: Kösel, Kempten
Umschlag: Bine Cordes, Weyarn
ISBN 3-466-30298-6

Inhalt

Vorwort zur deutschen Ausgabe

Die vorliegenden Erinnerungen Margaret S. Mahlers enden mit dem Zeitpunkt, an dem sie sowohl innerhalb wie außerhalb der Psychoanalyse sehr berühmt wurde, nämlich mit der Veröffentlichung ihres Hauptwerkes »Die psychische Geburt des Menschen«. Meine eigenen Erinnerungen an sie reichen etwas vor dieses Datum zurück. 1974 hatte ich die Darstellung einer Analyse geschrieben, die, wie es mir zunächst erschienen war, einen höchst chaotischen Verlauf genommen hatte. Das änderte sich, als ich auf die Arbeiten von Mahler und Mitarbeitern über den Loslösungs- und Individuationsprozeß stieß. Der Gang der Behandlung ließ sich nun klar als Wiederholung und Durcharbeitung der verschiedenen Stadien eines mißglückten Loslösungs- und Individuationsprozesses verstehen. Mahlers Arbeiten waren damals im deutschsprachigen Raum wenig bekannt und kein Allgemeingut wie heute; selbst in ihrem 1972 erschienenen Buch »Symbiose und Individuation« nimmt die Darstellung der einzelnen Subphasen dieses Prozesses nur 16 Seiten ein. Da ich Neuland betreten hatte, wagte ich, Mahler mein Manuskript zu schicken. Sie antwortete mit einem freundlichen Brief, der ankündigte, daß sie demnächst am Sigmund Freud Institut in Frankfurt einen Vortrag halten würde. Als Alexander Mitscherlich sie zu diesem Vortrag einführte, wußte er zu rühmen, daß sie besonders gute Krankengeschichten verfasse. Daß er ihre Arbeit ansonsten nicht erwähnte, kann man wohl als einen Hinweis darauf verstehen, daß er sich ihrer Bedeutung nicht bewußt war. Andere Analytiker stellten die Frage, daß man die von Mahler gefundenen Entwicklungssequenzen benötige. Die psychoanalytische Theorie sei doch ausreichend. Das hat sich nun grundlegend geändert. Auch in deutschsprachigen Fachkreisen zieht man großen Nutzen aus Mahlers Werk und sie gehört zu den am meisten zitierten Autoren.

In Frankfurt war ein näheres Gespräch nicht möglich gewesen. Nun bestellte mich Mahler an einem Sonntag zu einer Raststätte im Chiemgau. Dort zeigte sich, daß sie meine Arbeit gründlich gelesen hatte, denn sie fühlte mir gewaltig auf den Zahn. Nachdem sie mich gewogen und offenbar nicht für zu leicht befunden hatte, schloß sie mich in ihren Freundeskreis ein. Für eine Jüdin, der die Deutschen ein so schweres Schicksal bereitet hatten, ist das keine Selbstverständlichkeit. Aber Mahler verurteilte nicht kollektiv. Sie war auch bereit, in Deutschland Vorträge zu halten und ging sogar hier zur Kur.

Das war für mich menschlich wie fachlich eine ungeheure Bereicherung. Insbesondere als sie 1976 zu einem Kuraufenthalt in Bad Wiessee weilte, führten wir viele Gespräche. Sie ermutigte mich, wie übrigens viele andere, meine Gedanken zu publizieren. Ich solle schreiben, sie würde es lesen. Daß sie das später nicht tat, war nicht wichtig, aber daß sie mich für fähig gehalten hatte, das zählte. Sie konnte bestätigen, brauchte aber ihrerseits Bestätigung, denn hinter aller Selbstgewißheit, für deren reale Grundlage sie hart gearbeitet hatte, verbargen sich auch Unsicherheit und Zweifel. Eines Abends zum Beispiel erschien sie, die damals 80jährige in einem ärmellosen, plissierten schwarzen Kleid mit knallrotem Gürtel. Sie erklärte, anders könne sie sich, alt und schlecht aussehend, nicht im Spiegel anschauen. Als Frau hatte sie sich immer unbestätigt gefunden. Die Gründe legt sie in ihrer Biographie offen dar. Sie fühlte sich von ihrer Mutter abgelehnt. Noch eineinhalb Jahre vor ihrem Tod sagte sie mir, *sie* habe ihre Wiederannäherungskrise nicht bewältigt. Sie fühlte sich allein, obwohl sie die Gabe hatte, Freunde und Mitarbeiter an sich zu ziehen. Sie bildete einen ganzen Kreis von Analytikern aus, die sie in der Margaret S. Mahler Psychiatric Research Foundation vereinte, deren jährliche wissenschaftliche Tagungen von hohem Niveau waren und sind.

Mahler hatte Freunde und war doch einsam. Mahler suchte Menschen und stieß sie dann doch vor den Kopf. Es gibt kaum einen unter denen, die näher mit ihr zu tun hatten, den sie nicht einmal schwer gekränkt und mit dem sie sich dann nicht doch wieder versöhnt hätte. Sie konnte höchst selbstbezogen sein, und wenn sie sich dann besann, höchst zugewandt. Ihre eigene Verletzlichkeit und Empfindlichkeit ermöglichten ihr, diese Seiten bei ihren Patienten nachzufühlen.

Mahler war wie ein wehrhafter Degen, der für seine Sache kämpft. Die etwas ungehobelte Sprache dieser Memoiren ist so, wie sie redete, wie sie diskutierte, ist nicht ihre »Schriftsprache«, bei der sie sich beraten ließ. Zu ihren großen Stärken gehörte, daß sie auch ihre Schwächen kannte. Sie war allem Neuen gegenüber aufgeschlossen. Die ganze neuere Entwicklung im Bereich der Säuglingsbeobachtung und deren Interpretation hat sie verfolgt, studiert und sich damit auseinandergesetzt, auch wenn sie bei ihrer Freudschen Denkweise blieb. Ihre Memoiren zeigen, daß sie vom Establishment der Psychoanalyse nicht nur Gutes erfahren hat, aber sie verehrte Freud. Als ihr Geburtstag, der auf den 10. Mai fiel, einmal vier Tage vorher und damit an Freuds Geburtstag begangen wurde, freute sie sich und sprach von »Professors Geburtstag«.

Ihr Denkwerkzeug entstammt der Strukturtheorie Freuds und der in den USA besonders verbreiteten Ich-Psychologie. Ihre Auffassungs- und Einfühlungsgabe aber, die sie die Gestalt des Loslösungs- und Trennungsprozesses aufspüren und seine Eigenarten in einen sinnvollen Zusammenhang bringen ließ, verdankt sie wohl ihren Kindheitserlebnissen und den Prägungen ihres Lebens. Deswegen sind ihre Memoiren so aufschlußreich. Sie beschreiben nicht nur einen wichtigen Abschnitt der Geschichte der Psychoanalyse, sondern sie sind in ihrer schonungslosen Offenheit ein zusätzlicher Schlüssel zum Verständnis des Lebenswerkes von Margaret S. Mahler, für den wir ihr dankbar sein müssen.

München, im April 1989 *Dr. Lotte Köhler*

# Danksagungen

Die Zusammenstellung der Memoiren von Margaret Mahler zur posthumen Veröffentlichung geschah auf Bitten und in Zusammenarbeit mit den Verwaltern von Dr. Mahlers Nachlaß – Bernice Apter, Bernard Fischman und Dr. Maria Nardone. Es war eine Freude mit diesen VerwalterInnen zu arbeiten und ich danke ihnen ganz herzlich für die uneingeschränkte Unterstützung dieses Projekts. Ich hatte vollkommene Freiheit die Transkriptionsmaterialien der Interviews, aus denen die Memoiren entstanden, so zu benutzen und zusammenzustellen, wie ich es für angemessen hielt. Besonders danke ich Dr. Nardone für ihre Bemühungen, diese verschiedenen Transkriptionen zusammenzutragen und mir ergänzende Materialien zur Verfügung zu stellen. Die Margaret S. Mahler Stiftung für psychiatrische Forschung unterstützte mich gleichfalls bei den Vorbereitungen für die Memoiren und es ist mir ein Vergnügen, die wichtige Rolle der Stiftung bei der Fortführung von Dr. Mahlers Arbeiten zu erwähnen.

Dr. Doris Nagel war meine kritische Lektorin während der Vorbereitungen zu den Memoiren, ihr gebührt meine tiefe Dankbarkeit für so viele geistvolle Hinweise, die es mir ermöglichten, das Manuskript zu vollenden. Fünf von Dr. Mahlers Kollegen und Kolleginnen waren ebenso freundlich die verschiedenen Kapitel der Memoiren gegenzulesen. Ich danke Dr. Peter Blos, Dr. Judith Kestenberg, Dr. Selma Kramer, Dr. Peter Neubauer und besonders Dr. Annemarie Weil für ihre klugen Kommentare, die es mir im Sinne von Dr. Mahler möglich machten, bestimmte Tatsachen korrekt einzuordnen. Schließlich danke ich Dr. Nagel, Dr. Kramer, Dr. Weil und Dr. John McDevitt für die hilfreichen Bemerkungen zu dem Abschnitt meiner Einführung, in dem ich Dr. Mahlers Arbeit zusammenfasse. Dabei bin ich mir bewußt, daß

diese Kolleginnen von Dr. Mahler ihre Arbeit nicht so zusammengefaßt hätten, wie ich es getan habe.
Dr. Nardone, Dr. Weil, Dr. Blos, Dr. Kramer und Dr. Irving Sternschein unterstützten meine Arbeit mit den Photographien, indem sie mir die Zusammenhänge wie auch die Daten der jüngeren Photos in diesem Band erläuterten. Nanci Young, Archivarin in der Yale Universitätsbibliothek, wo Dr. Mahlers Papiere aufbewahrt sind, war sehr kooperativ, indem sie mich auf die im Besitz von Yale befindlichen Photographien hinwies. Sie hatte auch die Freundlichkeit, die der Forschung noch nicht zugänglichen Mahlerpapieren durchzusehen, damit ich Dr. Mahlers Studien und Ausbildung an den vier Universitäten, die sie von 1916 bis 1922 besuchte, genau einordnen und datieren konnte.
Joyce Seltzer von »The Free Press« war von Anfang bis Ende eine unterstützende und sorgende Herausgeberin, Eleanor Starke Kobrin, meine Kollegin bei »The Analytic Press« eine verständnisvolle und kritisch-hilfreiche Freundin. Meine Frau, Deane Rand Stepansky ist meine Partnerin in diesem Projekt. Sie korrigierte und kommentierte die vorläufigen Abzüge eines jeden Kapitels und beantwortete geduldig eine Fülle grammatikalischer, die Syntax oder auch die Art der Präsentation betreffende Fragen. Freudig widmete sie mir die vielen Abende und Wochenenden, die von diesem Projekt beansprucht wurden. Ihr gilt wie immer mein allerherzlichster Dank.

November 1987 *Paul E. Stepansky*

Einführung von Paul E. Stepansky

I

Als Margaret Schönberger Mahler 1988 mit 88 Jahren starb, verzeichneten die Kollegen und Kolleginnen in aller Welt das Ableben einer außergewöhnlichen Kinderanalytikerin, die schon lange den Rang einer Großen Dame ihres Berufsstandes einnahm und weltweit als eine der herausragendsten Erforscherinnen der frühkindlichen Entwicklung in unserem Jahrhundert galt. Sie wurde, wie man vorhersehen konnte, als hervorragende Klinikerin, Forscherin und Lehrerin gewürdigt, das Drama ihres Lebens aber kam dabei zu kurz. Denn Margaret Mahler gelangte nicht auf den relativ sanften Wellen der amerikanischen Psychiatrie und Psychoanalyse zu ihrer Bedeutung. Ihre Errungenschaften und ihr Ruf wurzeln vielmehr in den doch bewegteren Wassern Europas. Schon früh im Leben mit Sexismus und Antisemitismus konfrontiert, erlangte sie ihre berufliche Reife überdies gegen den Widerstand einflußreicher Strömungen im Wiener psychoanalytischen Establishment. In den Nachwehen erschöpfender Emigrationserfahrungen der späten Dreißiger Jahre profilierte sie sich als Forscherin und Theoretikerin. Margaret Mahler ist in verschiedener Hinsicht bemerkenswert. Es ist nicht nur erhebend, diese Frau zu kennen und auch zu erkennen, wie viel sie überwinden mußte, um ihr Lebenswerk zu vollenden, sondern auch mit ihr – durch diese Memoiren – wieder den Triumph über jene Widrigkeiten zu erleben, die zum Umkreis der verschiedenen Strömungen und Gegenströmungen und amerikanischer Kulturerfahrung gehören.

Mahler wurde 1897 in der ungarischen Provinzstadt Sopron geboren. Bereits in ihrer Jugend verkörperte sie die Befreiung aus bürgerlichen Zwängen und erlangte beruflichen Erfolg – was viele weibliche Intellektuelle in den frühen Jahren des neuen Jahrhunderts ermutigte. Die Jahre ihrer medizinischen Ausbildung sahen zugleich das Heraufziehen des deutschen Faschismus. Offener Antisemitismus unterdrückte sie allenthalben; der ungarische Numerus Clausus, der Kapp-Putsch und die willkürliche Verhaftung jüdischer Studierender gehörten zu den Realitäten ihrer Studienjahre. Als praktizierende Kinderärztin und Mitglied der Wiener Psychoanalytischen Gesellschaft erlebte sie das Auseinanderbrechen des politischen Lebens in Österreich in den Zwanziger und Dreißiger Jahren, das seinen Höhepunkt 1938 im Anschluß an Deutschland fand. Sie sah sich nach dem Anschluß in dem Heer jüdischer Intellektueller wieder, die aus Österreich und Deutschland flohen und emigrierten. Nach einem kurzen Aufenthalt in London, kam sie nach Amerika, wo sie dem Sturm des Zweiten Weltkriegs entging – zwar selber politisch in Sicherheit, aber doch mit Gefühlen großer Unruhe bei denen, die sie zurücklassen mußte. Ihre Sorge um Familienmitglieder war begründet. Der Faschismus hinterließ bleibende Narben. Nach dem Krieg setzte sie trotz persönlicher tragischer Erlebnisse ihre noch in der alten Welt begonnene Karriere fort. Im Laufe von fast fünf Jahrzehnten wurde sie zu jener Margaret Mahler, die den Kleinkindforschern, Psychotherapeuten und Erziehern bekannt ist.

Die Persönlichkeiten, die Margaret Mahler auf ihrer Lebensreise begleiteten, führten, herausforderten und gelegentlich auch angriffen, sind fast nicht zu zählen. Sandor Ferenczi, der wohl begabteste unter Freuds ursprünglichen Schülern, war ihr Mentor und ihre Inspiration. Er gehörte mit Michael Balint, einem anderen hervorragenden ungarischen Anhänger Freuds, dem Anthropologen Geza Roheim und dem Maler Robert Bereney, zu ihrem frühesten Kreis von Vertrauten, die sie intellektuell förderten. Ihren Platz nahm später eine noch noblere Runde um den Philosophen Karl Jaspers sowie Karl und Julia Mannheim ein. Als Medizinstudentin und Ärztin lernte sie bei den hervorragendsten Kinderärzten Europas: Rudolf von Degkwitz, Jussuf Ibrahim, Leopold Moll, Bélà Schick und Clemens von Pirquet, die sie – wenn auch manchmal widerwillig – zu schätzen wußten. Als Psychoanalytikerin war sie Ferenczis Schützling, aber sie lernte bei – und kämpfte auch mit – den Titanen der Wiener Psychoanalytischen Gesellschaft, zu denen Helene Deutsch und Anna Freud gehörten. Ihre berufliche Reife erlangte sie unter Österreichs einflußreichstem Pädagogen und Kriminologen: August Aichhorn.

Im Laufe ihres Lebens befaßte sich Mahler auch mit vielem, was außerhalb des üblichen Curriculum lag, wobei jedes der außerfachlichen Interessen wiederum den Anfang zu einer hervorragenden Karriere hätte bilden können. Rudolf von Degkwitz wählte sie bereits als Medizinstudentin zu seiner Helferin bei der Entwicklung eines neuen Masern-Impfstoffes aus. Als Kinderärztin in Wien wurde sie entweder von R. Fåhraeus oder einem seiner engsten Mitarbeiter für umfangreiche Untersuchungen über Blutsenkungen angestellt. Fåhraeus war der schwedische Forscher, der die dazu notwendige Labortechnik nach dem Ersten Weltkrieg entwickelte. Für von Pirquet vermaß sie die Mandeln Tausender Wiener Schulkinder. Diese Ergebnisse führten zur Abschaffung der routinemäßigen Mandeloperation in Europa und den Vereinigten Staaten. Später entwickelte sie sich zu einer anerkannten Expertin in der Anwendung und Auswertung des Rorschachtests. Ihre Ausbildung darin erhielt sie von niemand geringerem als Behn-Eschenburg, einem direkten Schweizer Schüler von Rorschach selbst. Doch sind diese beeindruckenden Erfolge, wie auch ihre vielversprechende Karriere in Kinderheilkunde, lediglich Vorspiele. Sie bezeugen ihre weitreichenden Talente und weisen auf den Ehrgeiz und die zielgerichtete Energie ihrer Ausbildungszeit hin. Aber sie vermitteln noch keine Vorstellung ihres beruflichen Endzieles, sagen noch nichts von der Kinderanalytikerin, die sie schließlich wurde, und von den psychoanalytisch orientierten Forschungen, die sie durchführte.

II

Bei den Vertretern der verschiedensten Fachrichtungen, die sich mit der Entwicklung des Kindes befassen, ist Margaret Mahler am besten als die Autorin des Buches »Die psychische Geburt des Menschen« (1975) bekannt. Diese bahnbrechende Studie beschreibt den Entwicklungsprozeß, durch den Kinder psychologisch zu menschlichen Wesen wurden – das heißt jenen Prozeß, der Säuglinge zu autonomen Individuen macht, die ein Bewußtsein ihrer selbst und die Fähigkeit zur Selbstreflektion besitzen. Ihre grundlegenden Befunde über die frühe menschliche Entwicklung werden seit langem unter dem Terminus »Loslösungs- und Individuationsprozeß« zusammengefaßt. Dieser Begriff weist auf die verschiedenen Stadien und Stufen der kindlichen innerpsychischen Entwicklung zur »Loslösung« von der Mutter hin. Dabei entsteht ein Verständnis von sich selbst als eigenständigem Individuum innerhalb einer Welt anderer, gleichermaßen selbständiger Individuen – also von einem Individuum mit einem subjektiv empfundenen Gefühl für die eigene Identität. Mahlers tiefes Verständnis für die Stadien des Loslösungs- und Individuationsprozesses findet sich chronologisch im Kapitel II der »Ausgewählten Papiere«. »Die psychische Geburt des Menschen« faßt verständlich und übersichtlich die Ergebnisse von über einem Jahrzehnt der Forschung zusammen.

Viele Einsichten, die aus Mahlers Darstellung des Loslösungs- und Individuationsprozesses resultieren, wurden nicht nur Teil der Nomenklatur in psychotherapeutischen Berufen, sondern auch in die Alltagssprache zwischenmenschlicher Beziehungen aufgenommen. Das läßt sich am Begriff der *Symbiose* aufzeigen: Wenn in Psycho-Berufen Tätige und interessierte Laien Beziehungen, die durch große Abhängigkeit charakterisiert sind, als »symbiotische Beziehungen« bezeichnen und wenn sie angesichts der chronischen Bedürfnisse solcher Menschen, unterstützt und bestätigt zu werden, von »symbiotischen Bedürfnissen« sprechen, dann bedienen sie sich Mahlerscher Paradigmen. Mahler prägte den Begriff der »normalen symbiotischen Phase«, um die

Erfahrungen des Kindes zu beschreiben, das kurz nach der Geburt so total von der Mutter abhängt, daß die beiden symbiotisch verschmelzen. Die Abhängigkeit findet ihr Gegenstück in der Unfähigkeit des Kindes, sich als von seiner Mutter unterschieden zu erleben. Aufgrund dieses Anfangsstadiums der Verschmelzung, dieser Unfähigkeit des Kindes zwischen »Ich« und »Nicht-Ich« zu unterscheiden, gelangte Mahler zur Auffassung dieser Mutter-Kind-Einheit als »Zwei- Einheit innerhalb einer gemeinsamen Grenze«.[1] Jedoch war für Mahler bereits die Symbiose ein Entwicklungsfortschritt, da sie sich aus einer noch früheren »normalen autistischen Phase« entwickelt, in der das Neugeborene in seinem halbschlafenden, halbwachen, dem vorgeburtlichen Erleben noch nahen Zustand, überhaupt nicht auf Außenreize antwortet.[2]

Margaret Mahler beobachtete und beschrieb, welch verheerende Konsequenzen es hat, wenn das Kind die Symbiose nicht zu erreichen vermag und weiterhin, wenn es die erreichte Symbiose nicht überschreiten kann. Damit konstruierte sie einen neuen Rahmen zum Verständnis wesentlicher psychischer Störungen der Kindheit, der noch heute seinen Einfluß auf Psychotherapeuten und Psychoanalytiker hat.

Mahlers Werk prägte sich jedoch tiefer ins allgemeine Bewußtsein ein, als sie sich dem »normalen« Loslösungs- und Individuationsprozeß zuwandte. Hier beobachtete und erklärte sie, wie das gesunde Kind sich langsam aus der ersten Verschmelzung mit der Mutter löst. Bei relativ kleinen Störungen und Abweichungen von der normalen Entwicklung konnte sie ihre Untersuchungsergebnisse am wirksamsten nutzen und Vorschläge machen, wie Therapeuten, Lehrer und Eltern am besten den Weg des Kindes von der Abhängigkeit zur Unabhängigkeit aus der Symbiose zur Autonomie erleichtern konnten. Heute wissen Psychotherapeuten, Erzieher, Lehrer und Mütter gleichermaßen, daß optimale Bemutterung aus einem empfindlichen Gleichgewicht von »Festhalten« und »Loslassen« besteht. Kinder erlangen eine gesunde Unabhängigkeit und Autonomie, weil gesunde Mütter zulassen, daß ihre Kinder von ihnen weggehen, um die Welt zu entdecken; gleichzeitig bleiben diese Mütter für Tröstung und Beruhigung verfügbar (was Mahler »emotionales Auftanken« nennt). Sie machen sich damit fundamentale Einsichten, die aus Mahlers beobachtenden Forschungen stammen, zu eigen. Therapeuten und Erzieher, die davon ausgehen, daß ein Identitätsgefühl – ein Gefühl von kohärenter Integrität und Gleichsein über die Zeit – weniger ein Faktum, als eine mühsam erworbene Errungenschaft ist, die von Hindernissen und Hemmnissen bedroht wird, nutzen damit auch die Ergebnisse unzähliger Beobachtungsstudien des Loslösungs- und Individuationsprozesses. Schließlich zeigte sie einen Zeitplan der Entwicklungsaufgaben, denen das Kind begegnet, auf, wozu auch die Hindernisse zählen, die in den verschiedenen »Subphasen« des Loslösungs- und Individuationsprozesses überwunden werden müssen, und hat somit ziemlich als einzige unter den zeitgenössischen Psychoanalytikern Freuds Erbe auf konstruktive und verständliche Weise an die Öffentlichkeit getragen. Auch Mütter und Lehrer, die sich sonst kaum für Psychoanalyse und andere »wissenschaftliche« Ansätze zur Kindererziehung interessieren, profitieren beträchtlich von Mahlers Pionierarbeiten.

Es ist nur angemessen und war auch vorhersehbar, daß die Mahlerschen Konzepte und Einsichten einer breiten Öffentlichkeit von Erziehern und Eltern zugänglich wurden. Anders als Freud, dessen Entwicklungstheorien um Vaterschaft kreisten (und da hauptsächlich um den Ödipuskomplex), gehörte Mahler zu den ersten Psychoanalytikerinnen, die die Beziehung zwischen *Mutter* und Kind zum Bestandteil einer psychoanalytisch orientierten Betrachtung der frühen Entwicklung machten. Damit unterstrich sie die Aussage des großen österreichisch-amerikanischen »Ich-Psychologen« Heinz Hartmann, wonach Psychoanalytiker Freuds Hauptbeschäftigung mit den Instinkten um Gesichtspunkte der »Anpassung« und der »durchschnittlich zu erwartenden Umgebung«, in der sich die Anpassung abspielt, erweitern sollten. Mahler verwirklichte Hartmanns Forderung, indem sie die wachstumsfördernde Umgebung des Kindes an der Person der Mutter festmachte; für sie war Anpassung das Ergebnis eines interaktiven Ineinandergreifens von Bedürfnissen des Kindes und der Fähigkeit und Bereitschaft seiner Mutter, diese zu befriedigen. Im Vergleich zu Hartmann und anderen Ich- Psychologen, für die »Anpassung« und »Umgebung« verhältnismäßig leere Allgemeinplätze waren, lieferte Mahlers Beschreibung der charakteristischen Muster von kindlichem Bedürfnis und mütterlicher Zuwendung nach den Worten zweier neuerer Kommentatoren »eine viel spezifischere, den Beziehungsaspekt betonende Betrachtung der Anpassung an die Umgebung als Hartmanns ursprünglich weitgefaßte Version«.[3]

Eine Reihe von Mahlers Zeitgenossen – darunter Berühmtheiten wie Melanie Klein, Erikson, René Spitz und D.W. Winnicott, wie auch andere, weniger bekannte, zum Beispiel Therese Benedikt und Mahlers gute Freundin Alice Balint – gehören zu jenen vorantreibenden Kräften ihrer Generation, für die aus psychoanalytischer Sicht Mutterschaft in den ersten Lebensjahren ebenso wichtig war wie Vaterschaft. Aber Mahler gab sich als einzige unter ihren Zeitgenossen nicht damit zufrieden, über die ersten Lebensjahre aufgrund klinischer psychoanalytischer Arbeit mit älteren Kindern oder Erwachsenen zu »theoretisieren«. Ihre klinische Erfahrung als Kinderärztin und Psychoanalytikerin ließ sie Fragen stellen, die nur durch beobachtende Forschung in einer natürlichen Umgebung geklärt werden konnten.

Geschichte und Methodologie der Forschungsprojekte, die zu Mahlers Verständnis des Loslösungs- und Individuationsprozesses führten, sind ausgiebig in »Die psychische Geburt des Menschen« beschrieben und werden in ihren Memoiren zusammengefaßt. Hier möchte ich nur ein paar einleitende Worte anmerken. Kurz gesagt, gehörten zu Mahlers Projekten die Beobachtung und Aufzeichnung (auch mittels Filmen) deskriptiv klinischer Daten über Säuglinge und Krabbelkinder, ihre Mütter und im besonderen über die Interaktion zwischen Müttern und ihren ganz jungen Sprößlingen. Diese Beobachtungen erfolgten mehrmals in der Woche in einer natürlichen Umgebung, so daß auch die Beziehung zwischen Mutter und Kind, wie sie sich von Tag zu Tag entwickelte, sichtbar wurde.

Zentrales Forschungsthema war die Loslösung des Säuglings und Krabbelkindes von der Mutter. Obwohl Mahler von Anfang an Loslösung und Individuation als *intrapsychischen* Prozeß ansah, der nicht direkt beobachtet werden konnte, war ihre Forschung trotzdem von dem Glauben beseelt, daß dieser Prozeß »aus Verhaltensweisen, die wirklich beobachtbar waren«, erschlossen werden konnte.[4] Für sie war allerdings die beobachtbare Loslösungserfahrung nur die Widerspiegelung *psychologischer* Errungenschaften (oder ihres Fehlens) im Verhalten. Darin unterscheidet sich Mahlers Ansatz von dem jener vielen »Bindungs«-Theoretiker, die ebenfalls die Mutter-Kind-Beziehung untersuchten. Bindungs-Theoretiker verstehen die beobachtbare Bindung des Kindes an die Mutter nicht in Begriffen eines im Kind verankerten Entwicklungsprogrammes, das aus der Bindung zur Loslösung und Individuation führt. Für sie ist Bindungsverhalten, das heißt ein beobachtbares Verhalten, bei dem das Kind die Nähe der Mutter sucht und schließlich auch findet, biologisch verursacht, also per se durch Instinkte festgelegt, um das Überleben zu sichern. Die psychologische Bedeutung der Loslösung aus der Bindung ist aber nicht vorprogrammiert und ist auch nicht ihr erwartbares Ergebnis. Aber die *Qualität* der frühen Bindungserfahrungen beeinflußt den Bindungstheoretikern zufolge die spätere Fähigkeit, die vielen Trennungen und Verluste des Lebens zu bewältigen.

Es ist zu betonen, daß der Bezugsrahmen von Mahlers Loslösungs- und Individuationsprozeß psychologisch, genauer gesagt psychoanalytisch ist. Angesichts dessen ist es vielleicht lohnend, kurz innezuhalten und ihren Ansatz mit dem von John Bowlby, dem größten Bindungstheoretiker, zu vergleichen, der, wie Mahler, Gründer einer Schule und Forschungsrichtung war, die von anderen weitergeführt wird. Bowlby kommt, wie Mahler, von der Psychoanalyse zur Betrachtung der Mutter-Kind-Interaktion, entscheidet sich aber für eine deskriptive, in ihren Grundzügen eher ethologische als psychologische Annäherungsweise. Für Bowlby ist die Bindung des Kindes an die Mutter, wie auch seine Reaktionen auf eine Trennung von ihr, das Ergebnis instinktgesteuerter Verhaltenssysteme, die das Überleben sichern; als solche können sie am Modell der Tiere, und da besonders der Primaten, nachvollzogen und erklärt werden. Da sich derartiges Verhalten oft wechselseitig zwischen Kind und Mutter ereignet, und da die Reize, die derartiges Verhalten auslösen, im allgemeinen *menschliche* Reize sind (beispielsweise das Gesicht der Mutter und ihre Stimme, die das Kind sich ihr zuwenden lassen; oder der Schrei des Kindes, das allein ist und die Mutter dazu bewegt, das Kind zu wiegen) kann Bowlby vom Bindungsverhalten als einer »Klasse sozialen Verhaltens« sprechen, bei dem »die Bindung des Kindes an seine Mutter auf die Aktivität einer Anzahl von Verhaltenssystemen zurückzuführen ist, die die Nähe zur Mutter als vorhersagbares Ergebnis haben.«[5] Aus der Voraussetzung, daß die Bindung des Kindes an seine Mutter auf Verhaltensweisen beruht, die die Nähe zur Mutter fördern, folgt, daß Bindungsverhalten erst anfängt, wenn das Kind etwa 6 Monate alt ist, weil erst zu dieser Zeit »sich klar zeigt, daß das Kind nicht allein die Mutter erkennt, sondern sich auch in einer Weise zu verhalten sucht, die seine Nähe zu ihr aufrechterhält«.[6]

Bowlbys Verdienst liegt darin, daß er das Anwachsen und Verschwinden des Bindungsverhaltens in der Kindheit dargestellt hat, wie auch die verschiedenen Verhaltensweisen des Kindes, die die Bindung herstellen und auf die das Kind zurückgreift (wie Lächeln, Weinen, Brabbeln, Festhalten oder Saugen). Zum anderen hat er auch die Rolle der Mutter bei der Förderung (oder Entmutigung) der Bindung des Kindes beschrieben und auch die Reaktionen des Kindes auf Erfahrungen von Trennung und Verlust in seine Darstellung mit einbezogen. Aber dieser Absatz mit reichhaltigen Beschreibungen ist weit entfernt von dem Mahlers, für die nämlich die Bindungs- und Trennungs-»Erfahrungen« die äußeren Entsprechungen zu einem inneren Prozeß darstellen, der *im* Kinde stattfindet, auch wenn er von dem beeinflußt wird, was sich zwischen Kind und Mutter abspielt.

Für Bowlby ist das Bindungsverhalten des Kleinkindes durch Instinkte festgelegt, aber nicht in artspezifischer Weise und auch nicht in Freudschem Sinn. Die Faktoren, die das Bindungsverhalten beim Menschen hervorrufen – wahrscheinlich als Schutz vor Verfolgern – weisen ihm zufolge »genügend Ähnlichkeiten mit der Art und Weise auf, in der sich dieses bei anderen Säugetieren entwickelt«.[8] Nicht so für Mahler. Sie unterscheidet die menschliche Bedingung der Symbiose, aus der heraus es zu Loslösung und Individuation kommt, als Reaktion auf die Bedürfnisse, die charakteristisch für die Kindheit des Menschen sind, so wie sie sich aus Freudscher Sicht darstellen: Sie bestehen in der Notwendigkeit, Spannung zu regulieren und ein »psychophysiologisches Gleichgewicht« auch dann aufrechtzuerhalten, wenn ein »Ich«, mit dem dies aus eigener Kraft bewerkstelligt werden könnte, noch nicht existiert. Daher ist »Symbiose« für Mahler die Apotheose der »Bindung« und eine Metapher für die kognitive Unreife des Kindes und seine physische Hilflosigkeit kurz nach der Geburt. Es braucht die Mutter, damit sie sein »rudimentäres Ich« vor zu starken Reizen schützt. Man kann sagen, daß Mahlers »Symbiose«, ähnlich wie Bowlbys »Bindung«, dazu dienen, das Überleben zu sichern, aber für Mahler ist das Überleben, das auf dem Spiel steht, ein spezifisches *menschliches* Überleben, da der symbiotische Zustand der ersten Lebensmonate nicht nur aus Bindung besteht, sondern auch aus der Gefühlsbeziehung, die zur Fürsorge der Mutter gehört (emotional rapport). Aus diesem Grunde charakterisiert sie den Anfang der symbiotischen Phase als »Matrix physiologischer und soziobiologischer Abhängigkeit von der Mutter«.[9] Nur durch die mütterliche Versorgung *innerhalb* der symbiotischen Matrix kann das Kind sich *von* der Mutter differenzieren und so schließlich zu einem eigenen Gefühl von dem gelangen, was in Mahlers Begriffen »Ganzheit und Identität« heißt. Der Vergleich dieses psychologischen Ansatzes mit Bowlbys ethologischem Ansatz zeigt, daß jener radikal das Bindungsverhalten von den Themen der Abhängigkeit und des Angewiesenseins trennt: »Von einer Mutter abhängig sein und an eine Mutter gebunden sein, sind in der Tat zwei völlig verschiedene Dinge«.[10]

Mahler sah den Loslösungs- und Individuationsprozeß als Barometer für das normale psychologische Wachstum an, das aus einer symbiotischen Abhängigkeit herausführt. Ort ihrer beobachtenden Forschung mußte daher eine nicht-strukturierte Umgebung sein, in der das einem solchen Wachstum zugehörige Verhalten Ausdruck finden konnte. Damit wird klar, daß ihr Forschungsprogramm eine Umgebung erforderte, in der sich Loslösung und Individuation aus der natürlichen Interaktion zwischen Mutter und Kind ergibt, und nicht als Reaktion auf Versuchsanordnungen eines Forschers. Die Einführung einer experimentellen Situation in das »Feld« der Interaktion zwischen Mutter und Kind wäre ein Störfaktor für die Beobachtungen, weil dadurch die normale psychologische Distanz zwischen Mutter und Kind verändert würde. Die Fähigkeit, sich loszulösen und zu individuieren, würde durch unnatürliche, wenn nicht sogar belastende Situationen hervorgerufen und getestet.

Mahler und ihre Mitarbeiter entwickelten eine Untersuchungsanordnung unter Alltagsbedingungen, in der sie das Wachstum in Richtung auf Loslösung und Individuation beobachten konnten. Sie schufen eine entspannte Umgebung für Mütter, Säuglinge und Krabbelkinder, in der diese unbehindert spielen konnten, in der sich aber auch die Untersucher unbeargwöhnt aufhalten konnten. Mahler und Mitarbeiter standen zwar den jungen Müttern, die am Forschungsprojekt teilnahmen, bei Bedarf mit Rat und Hilfe zur Verfügung, verhielten sich aber zunächst als wohlwollende »teilnehmende Beobachter«. Sie waren unauffällig in jenem Spielzimmer zugegen, in dem sich Mütter und Kinder wie zu Hause bewegen konnten. Dieses methodische Vorgehen war, wie Mahler sich erinnert, eine wohlüberlegte Entscheidung, um »uns von den Müttern und ihren Babys die Wege weisen zu lassen, denen unsere Forschungsbemühungen folgen sollten«.[11] In »Die psychische Geburt des Menschen« beschreibt Mahler im einzelnen die Spanne der beobachtbaren Verhaltensweisen, die mit dem intrapsychischen Prozeß der Loslösung bei Säugling und Kleinkind einhergehen. Da sie einen Entwicklungsprozeß aufzeigen wollte, der sich im Inneren des Kindes über eine Zeit hinweg abspielt, mußte sie nicht nur auf die groben Akte der Trennung achten, sondern auch die qualitativen Aspekte der Interaktionen zwischen Mutter und Kind erkennen, die auf feineren Ebenen die psychologische Distanz zwischen den beiden zeigen und damit auch deutlich machen, wie der eine den anderen im psychologischen Sinne benutzt. Sie mußte beobachten, und zwar mit den Augen der Psychoanalyse, für die das äußere Verhalten Hinweise auf unbewußte Abläufe enthält. Die folgende Passage gibt in ganz besonderer Weise ihre Fähigkeit wieder, solche Fingerzeige aufzunehmen. Anders gesagt, drückt sich hier auch ihre Fähigkeit aus, die richtigen Fragen zu stellen, Fragen, die wiederum zu Beobachtungen führen, die dann Aussagen über innerpsychische Loslösungsprozesse ermöglichen:

> Wie trägt eine Mutter ihr Kind, wenn sie ankommt? Wie einen Teil ihrer selbst? Wie ein menschliches Wesen? Wie ein unbelebtes Objekt? Wie reagiert der junge Säugling darauf, daß die Mutter ihn aus seinen Hüllen befreit? Trennt sich die Mutter physisch und/oder affektiv von ihrem Kind, sobald sie den Raum betreten hat, oder besteht ein »unsichtbares Band« zwischen Baby und Mutter selbst über eine gewisse körperliche Entfernung hinweg? Weiß die Mutter, was mit ihrem Kind geschieht, auch wenn es etwas entfernt von ihr ist? Wie schnell, wie bereitwillig und wie geschickt reagiert sie auf seine Bedürfnisse? Hält die Mutter ihr Kind häufig im Arm? Schafft sie einen allmählichen Übergang, indem sie es beispielsweise langsam zum Laufstall führt, bei ihm bleibt, bis es sich wohlfühlt, und reicht sie ihm vielleicht ein Spielzeug? Oder kann sie es nicht erwarten, das Kind loszuwerden, indem sie es sofort nach der Ankunft in den Laufstall setzt und ihre Aufmerksamkeit anderen Dingen zuwendet, zum Beispiel der Zeitung oder einer Unterhaltung? Wendet sie sich ihrem Kind in übermäßig stimulierender Weise nur dann zu, wenn es ihren eigenen Bedürfnissen entspricht? Kurz gesagt, wir fanden, daß uns die Beobachtungen im Kinderzimmer sowohl die individuellen Eigenschaften, als auch die Entwicklung der Mutter zur Mütterlichkeit erkennen ließen. Wir konnten die Merkmale

> des Austauschs beobachten zwischen der Mutter und dem Kind auf ihrem Arm – des Austauschs der Mutter mit ihrem rasch krabbelnden oder watschelnden älteren Kind, mit dem Kind, das beginnt, sich auch »für andere als die Mutter« zu interessieren, mit dem energisch forschenden Spielkind und mit dem Kind, das zu sprechen anfängt und seine Bedürfnisse auf neue Art kundtun kann. Wir waren in der Lage, die Art und Weise zu studieren, wie die Mutter sich vom jungen Säugling löst, und ihre Reaktionen auf die später vom Kind in Gang gesetzte Loslösung.[12]

Ich habe bereits darauf hingewiesen, daß Mahlers Untersuchungen des normalen Loslösungs- und Individuationsprozesses Ergebnis ihrer früheren Untersuchungen waren, in denen sie diese Fragen der Entwicklung zu erforschen suchte, um die Pathologie schwer gestörter Säuglinge und Kleinkinder zu erklären. Diese frühen Studien, die bereits 1940 begannen, begründen Mahlers Erfolge.[13] Sie gehören auch in den Mittelpunkt ihrer persönlichen Geschichte, zeigen sie doch, durch welche klinischen Fragen sie zur Untersuchung des normalen Loslösungs- und Individuationsprozesses angeregt wurde. In ihren Memoiren ist die Entwicklung dieser Arbeit chronologisch dargestellt. Hier will ich sie nur kurz zusammenfassen.

Mahlers frühe Studien über Psychosen bei Kindern fanden ihren Höhepunkt und Ausdruck in dem 1968 erschienenen Werk »Symbiose und Individuation – Psychosen im frühen Kindesalter« (deutsch 1972). Diese Studien schlagen den Bogen zu ihren späteren Forschungsergebnissen, wonach der Prozeß der Loslösung und Individuation eine *Errungenschaft* der Entwicklung ist. Wenn dieser Prozeß nicht in Gang kommt oder sich nicht normal entfalten kann, lassen sich daraus – so Mahler – Erklärungsmöglichkeiten für die unterschiedlichen Grade der Störung, im schlimmsten Fall der kindlichen Psychose, ableiten. Die Ergebnisse dieser Untersuchungen faßte Mahler mit dem Begriff »Symbiose-Theorie der Psychosen im Kindesalter« zusammen. Hauptmerkmale dieser Theorie sind die Mahlerschen Kategorien des »autistischen psychotischen Syndroms« und des »symbiotischen psychotischen Syndroms«. Im ersten Fall geht es um das Versagen des Kindes, eine lebenserhaltende symbiotische Beziehung mit der Mutter *aufzubauen*. Im zweiten Fall gelingt es dem Kind nicht, aus dieser symbiotischen Abhängigkeit *herauszuwachsen*, um zur Loslösung und Individuation zu gelangen. Diese beiden Kategorien psychischer Störungen bezeichnen Fixierungen an oder Regressionen zur »normalen autistischen Phase« und »normalen symbiotischen Phase«, die nach Mahler dem Prozeß der Loslösung und Individuation bei allen Kindern vorangehen. Neurotische wie auch Charakterstörungen in der Kindheit (und im späteren Erwachsenenleben) deuten darauf hin, daß der Prozeß der Loslösung und Individuation in seinem natürlichen Entwicklungsverlauf gestört und damit auch das Eingehen einer ödipalen Bindung und die Lösung des Ödipuskomplexes erschwert wurde. Bei solchen Störungen tauchen häufig Probleme aus der Wiederannäherungsphase auf.[14] Kindheitsstörungen psychotischen Ausmaßes weisen darauf hin, daß der Prozeß erst gar nicht in Gang gekommen ist, da der Säugling oder das Kleinkind die notwendigen Anlagen eines solchen Prozesses nicht genügend ausgebildet und erlebt hat, das heißt, eine einigermaßen zufriedenstellende, verläßliche »sozio-biologische Befindlichkeit der Symbiose mit der Mutter«.[15] Ein solches Kind kann die Mutter nicht »benutzen«, um Entdeckungen zu machen, die *im* symbiotischen Stadium ihren Ausgang nehmen, die aber allmählich »verinnerlicht« werden und somit das Kind aus diesem Stadium heraus in den Loslösungs- und Individuationsprozeß führen: die Entdekkung, daß die Mutter nicht ein »Teil« seiner selbst ist, sondern vielmehr ein »Objekt«, wenn auch ein besonderes Objekt, auf das es sich zur Lösung seiner Spannungen und Befriedigungen seiner Bedürfnisse verlassen kann.

In den Memoiren äußert sich Mahler freimütig über die Gründe, die sie Anfang 1960 zum »Kurswechsel« bewogen, wonach sie die Weiterführung der Erforschung des Loslösungs- und Individuationsprozesses schwer gestörter Kinder ihren Kollegen übergab, damit sie sich selbst der Untersuchung des »normalen«

Loslösungs- und Individuationsprozesses bei gesunden Kindern widmen konnte. Ich will hier nicht wiederholen, was sie selbst ausgezeichnet darstellt, sondern nur auf einen Punkt hinweisen, den die Memoiren äußerst klar aufzeigen:
Mahlers Forschungsprogramm oder um genauer zu sein, die klinischen Erkenntnisse, die zu dem Forschungsprogramm führten, entstammten nicht nur ihrer Erfahrung als Kinderpsychiaterin und -psychoanalytikerin, sondern auch ihrer Ausbildung und Forschungstätigkeit als Kinderärztin. Das ist ein Status, den sie unter den psychoanalytisch orientierten Erforschern der frühen Kindheit mit dem bedeutenden britischen Theoretiker D.W. Winnicott teilt. Mahlers Schwerpunkte in der Kinderheilkunde waren wiederum – wie die Leser und Leserinnen ihrer Memoiren entdekken werden – durch bestimmte Tatsachen in Mahlers eigener Kindheit geprägt – Tatsachen, die sie nicht nur mit bewundernswerter Aufrichtigkeit darlegt, sondern auch als Grundlagen ihrer klinischen und entwicklungsgeschichtlichen »Weltanschauung« anerkennt.
Das Ausmaß und die Art und Weise in der Mahlers eigenes Leben ihre Entwicklungstheorie belegt, wonach der Loslösungs- und Individuationsprozeß während des ganzen Lebens fortdauert, möge der Leser/die Leserin selber entscheiden. Mir genügt es, die Aufmerksamkeit auf dieses Thema als interessante Dimension der Memoiren zu lenken. Sie bezeugen in beredter Weise Margaret Mahlers eigenen fortwährenden Kampf um persönliche Autonomie und berufliche Identität wie auch die Aufeinanderfolge der Schritte, die sie aus einer Reihe persönlicher und beruflicher Verhältnisse, die sowohl nährend wie auch beengend waren, weiterführten. Tatsächlich erscheint Margaret Mahlers zwiespältige Einstellung gegenüber dem Memoirenprojekt in den letzten Jahren ihres Lebens in einigen Punkten wie das letzte Stadium ihres Kampfes um Loslösung und Individuation. Eine Autobiographie, wie wir sie heute verstehen, setzt eine zur Selbstreflexion fähige Person voraus die fragt: »wer bin ich?« und »wie wurde ich, was ich bin?«. Von daher ist der Historiker der Autobiographie, Karl Joachim Weintraub, der Ansicht, daß dieses

Genre mit den »Bekenntnissen« des heiligen Augustinus beginnt. Vergebens suchen wir in der Literatur der klassischen Antike nach der sich ihrer selbstbewußten Individualität, die moderne Autobiographien auszeichnet.[16] Das Schreiben der Memoiren enthüllte Margaret Mahler ganz offenkundig diese Wahrheiten. Sie wußte nur zu gut, daß freimütige Reflexionen über ihr Leben und ihren Beruf nicht nur den Urgrund ihrer Individualität enthüllen würden – stellenweise sogar schmerzhaft –, sondern auch eine weitere Loslösung oder zumindest Distanzierung erfordern würden. Insbesondere beziehe ich mich dabei auf die Distanzierung von der Wiener Psychoanalytischen Gesellschaft, bei der sie ausgebildet und gefördert worden war, wie auch eine Distanzierung von der amerikanischen psychoanalytischen Gesellschaft – oder zumindest gewissen Elementen dieser Gemeinde –, die sie 1938 aufgenommen und ihr die unterstützende Umgebung verschafft hatte, durch die sie in den folgenden Jahrzehnten international berühmt werden sollte. Ich denke, daß eine kurze Betrachtung meiner Rolle bei der Vorbereitung der Memoiren diese Behauptungen erhellen wird.

III

»Kennzeichen einer Autobiographie«, schreibt Karl Joachim Weintraub, »ist, daß sie von einem spezifischen Ausgangspunkt geschrieben wird. Es ist der Ort, an dem sich der Autor in bezug auf seine Erfahrungen befindet, wenn er die Bedeutung der Vergangenheit interpretieren will. Dieser Zeitpunkt, dieser Standpunkt muß für ein Verständnis autobiographischer Bemühungen gefunden werden und dies gilt ebenso für die Motivation wie auch die Intention des Autors, wenn er überhaupt eine Autobiographie schreiben will.«[17]

Werden Memoiren zur Veröffentlichung nach dem Tode von jemand anderem als dem Autor selbst zusammengestellt, bekommen Fragen nach dem Standpunkt des Autors, seiner Motivation und Intention natürlich eine besondere Bedeutung, denn schließlich kann die Autorin wie in unserem Fall nicht mehr die alleinige Verantwortung für die veröffentlichte Version ihrer Memoiren übernehmen; man muß auch den herausgebenden Schreiber, der die endgültige Fassung und Form produzierte, berücksichtigen, vollendete er doch ein Werk, das es sonst nur als Möglichkeit gäbe. Veröffentlicht der Herausgeber seine Reflexion über seine Rolle, können die Lesenden einen Blick auf das entstehende Werk werfen. Die folgenden Bemerkungen mache ich aus dieser Einstellung heraus. Sie sollen den LeserInnen helfen, den »Zeitpunkt« der Selbstbeobachtung in den Memoiren der Margaret Mahler zu erfassen.

Als ich durch die freundliche Einführung meiner Freundin und Kollegin Dr. Doris Nagel im März 1984 Margaret Mahler traf, spürte ich sofort, daß dies eine große Frau war, die aber auch große Forderungen stellte. Die Zusammenarbeit mit ihr würde eine große Herausforderung bedeuten. Mit ihren 87 Jahren war sie intellektuell lebendig und unerschrocken in ihrer Kritik – mit einem Wort: lebhaft – und sie war am lebendigsten, wenn sie ihr Alter beklagte, ihre Zerbrechlichkeit und ihren Gedächtnisschwund. Ich wurde ihr als Herausgeber und Schriftsteller vorgestellt, der erfolgreich mit einer Reihe ihrer Kollegen zusammengearbeitet und sich eingehend mit der wissenschaftlichen Erforschung der Geschichte der Psychoanalyse befaßt hatte. Möglicherweise könnte ich ihr beim Schreiben ihrer seit langem ersehnten Memoiren helfen. Den Grundstein für dieses Projekt hatte sie 1980/81 gelegt, als sie Doris Nagel eine Reihe chronologisch strukturierter Interviews gab.[18] Sie selber, so behauptete sie, habe weder die Zeit noch die Energie, um die Menge der Interview-Niederschriften zu einer brauchbaren Lebensgeschichte zusammenzustellen. Gleichwohl sei sie der Ansicht, daß zusammenhängende Memoiren aus diesem Material zusammengestellt werden sollten und könnten. Sie war sehr für die Veröffentlichung ihrer Memoiren, denn sie glaubte, daß ihr Leben wie ihr Beruf genügend interessant und wichtig für die Öffentlichkeit seien.

Als Historiker der Psychoanalyse war ich mir ihres Status als einer der letzten unter den noch lebenden Analytikern mit direktem Kontakt zu Freuds ursprünglichem Kreis bewußt. Die Karriere ihrer Arbeit in der Kinderheilkunde, Kinderpsychiatrie und Psychoanalyse erstreckte sich über mehr als sechs Jahrzehnte. So konnte ich ihrer Beurteilung nur zustimmen und bot ihr meine bestmögliche Hilfe an. Aus welchen Gründen auch immer zeigte sich Dr. Mahler mir gegenüber recht offen[19] und der Gedanke, daß ihre Memoiren nun wirklich zustande kämen, beflügelte sie. Sie gab mir die Transkriptionen ihrer Interviews zu ihrer Kindheit und Jugend mit auf den Weg und wies mich an, aus diesem Material eine Erzählung zu erstellen, die sie dann begutachten würde. Wir würden sehen, was dabei herauskäme. Meiner Ansicht nach vertraute sie darauf, daß ich das Bestmögliche täte, war aber gleichwohl skeptisch, ob das eher dürftige Material einzelne Kapitel der Memoiren füllen könnte. Möglicherweise war sie auch skeptisch, ob meine Fähigkeiten oder die Fähigkeiten irgendeines Herausgebers der Aufgabe genüge tun würden, Kapitel zu schreiben, die sie akzeptabel fände.

Die Ironie wollte es, daß ich – wenn auch sanft und subtil – ihre fordernde Haltung, vor der mich viele andere schon gewarnt hatten, erst kennenlernte, nachdem sie wohl auch zu ihrem eigenen Erstaunen recht befriedigt das Ergebnis meiner Bemühungen gelesen hatte. In einer Notiz vom 12. Mai 1984 zeigte sie sich »sehr zufrieden mit dem Probekapitel« und in einem Brief vom 17. Mai, dem Interview-Niederschriften über die Jenaer und Wiener Periode ihres Lebens beilagen, führte sie aus: »Wie ich Ihnen am Telefon mitteilte, war es für mich eine angenehme Überraschung, daß meine Lebensgeschichte dank Ihrer Feder zu einer solch interessanten Chronik wurde. Vielen Dank.« Nach diesem Ausdruck ihrer Zufriedenheit rief sie mich mehrmals an und fragte mit freundlicher Direktheit nach meinen Fortschritten: »Nun, wie geht es meinen Memoiren?« Sie fragte, warum ich so lange bräuchte, ihr neue Kapitel zu schicken und fragte weiter warum ich nicht nach New York käme, um dort mit ihr die Abschnitte durchzugehen.

Nachdem ich zwei weitere Probekapitel fertiggestellt hatte, trafen Doris Nagel, sie und ich in ihrem New Yorker Appartment zusammen, um die fertiggestellte Arbeit zu diskutieren und weiter zu planen. Bei diesem Treffen hatte sich ihr Verhalten dem Projekt gegenüber geringfügig, aber wahrnehmbar verändert. Sie zeigte sich mit den Entwürfen der Kapitel über ihre medizinische Ausbildung und Karriere in der Kinderheilkunde und die Lehranalyse in Wien zufrieden, schien aber mit dem Wien-Kapitel zu zögern, das ihre kurze traumatische Lehranalyse bei Helene Deutsch darstellt und auch ihre persönliche Beziehung zu ihrem zweiten Lehranalytiker und Mentor August Aichhorn offenlegt. Während der Vorbereitungen zu diesen Entwürfen hatte ich sie um mehr Informationen zu ihrer Analyse bei Deutsch gebeten und von ihr auch wissen wollen, wie weit sie mit Enthüllungen über Aichhorn gehen wolle. Es war klar, daß beide Themen für sie schwer zu diskutieren waren. Sie hatte, wie ich mittlerweile annehme, nicht klar genug darüber nachgedacht oder sich vorgestellt, welche Enthüllungen ihre Memoiren enthielten – dies trotz der Tatsache, daß ich mein Wissen über diese heiklen Punkte aus den Interviews mit Doris Nagel hatte, die ja die Grundlage für die Memoiren bilden sollten. Als es um ihre Beziehung zu Aichhorn ging und ich sagte, daß ich einfach nicht wüßte, wie ich über die Wiener Periode schreiben sollte, ohne ihre Beziehung zu Aichhorn zu erwähnen, der ja damals sowohl für ihre persönliche wie berufliche Entwicklung so wichtig war, nickte sie stillschweigend. Sie war auf diese brisanten Themen nicht vorbereitet – mit 87 war ihr Zorn über Helene Deutsch, die sie mit 29 ein Jahr analysiert hatte, noch immer überwältigend. Aber am Ende war sie eine mutige Frau, die um ihrer Memoiren willen bereit war, ihre Geschichte von Liebe und Haß preiszugeben und der Öffentlichkeit das zugänglich zu machen, was ihr an Erinnerungen geblieben war.
Wäre unsere Zusammenarbeit über das Frühjahr 1984 hinaus weitergegangen, wäre es meine Aufgabe gewesen, sie zu tieferem Nachdenken und weitergehenden Erinnerungen herausfordern zu müssen. Ich bin sicher, daß – ungeachtet ihres Alters und ihrer

Hartnäckigkeit – noch einiges zum Vorschein gekommen wäre. Denn Dr. Mahler war durch die vorläufigen Entwürfe wieder aufgelebt, konnte sie doch durch mich ihren Wunsch nach Memoiren realisieren. So schreibt sie in ihrem Brief vom 17. Mai 1984 (nachdem sie die erste Fassung des ersten Kapitels gelesen und mir Niederschriften der Jenaer und Wiener Zeit geschickt hatte) :

> »...über die Londoner Zeit gäbe es noch viel – auch dramatisches – zu sagen. Doris und ich könnten versuchen, es in sinnvoller Weise zusammenzufassen.Nächste Woche erhalten Sie wieder einen Stapel Seiten. Er enthält Material, das jahrelang nicht transkribiert wurde und das neu entziffert werden sollte. Möglicherweise muß ich mir die entsprechenden Kassetten noch einmal anhören, um den Sinnzusammenhang herzustellen.«

Und sogar in ihrem Brief vom 22. Juni, der das Ende unserer Zusammenarbeit anzeigte, sprach sie nur von einer Verschiebung unserer Arbeit, denn sie erkannte, daß durch ihre aktive Teilnahme an der Sichtung der Materialien meine Arbeit beschleunigt würde. Nachdem sie aufgezählt hatte, was alles für den Sommer anstand, meinte sie, daß »im Moment das Memoirenprojekt nicht an erster Stelle steht«. Weiter fuhr sie fort:

> »Unsere Treffen haben mir bei der Klärung wichtiger Themen außerordentlich geholfen. Insbesondere sehe ich nun, daß das derzeit vorhandene Material viel zu zerstreut ist und ich mehr dafür tun muß, damit es ohne unnötige Geld- und Zeitverschwendung zügig für die Herausgabe eines Buchs bearbeitet werden kann.
> Ich beeile mich Ihnen diese Wende der Ereignisse mitzuteilen, so daß Sie über Ihre wertvolle Zeit frei verfügen können.«

Wohl weil sie das Gefühl hatte, daß diese Bemerkungen nach einem Rückzug vom Projekt aussahen, fügte sie handschriftlich hinzu: »Ihnen einen guten Sommer wünschend hoffe ich Sie irgendwann im Herbst zu sprechen.« Ich habe nichts mehr von ihr gehört.

IV

Als mich die Nachlaßverwalter Margaret Mahlers im Frühling 1986 einluden, das mit Dr. Mahler 1984 begonnene Projekt zu Ende zu führen, handelten sie auf Weisung des Testaments wonach ihre Memoiren herausgegeben werden sollten. Dieser Auftrag verdeutlicht, daß Dr. Mahler emotional wie intellektuell noch um die Zeit ihres Todes an ihren Memoiren interessiert war, auch wenn es ihr nicht gelungen war, sich aktiv an den Vorbereitungen zur Herausgabe ihrer Lebensgeschichte zu beteiligen. Ich wurde autorisiert die Lebensgeschichte von Dr. Mahler zu schreiben unter der ausdrücklichen Bedingung, daß ich das Manuskript aus den Interviewtranskriptionen Dr. Mahlers eigener Erinnerungen ihres Lebens und ihrer Karriere herzustellen hätte. Ich sollte mich nicht nur inhaltlich an die Interviews halten, sondern – so gut es ging – auch Stimmung, Ton und Sprache dieser Betrachtungen beibehalten.
Damit dieses Unternehmen gelänge, stellten mir die Nachlaßverwalter zum einen die Interviews mit Doris Nagel, mit denen ich bereits zu Lebzeiten Dr. Mahlers gearbeitet hatte, zur Verfügung und zum anderen eine Reihe zusätzlicher Interview- Niederschriften autobiographischer Betrachtungen. Davon waren Dr. Mahlers vier Interviews mit Dr. Bluma Swerdloff aus der Forschungsabteilung für mündlich überlieferte Geschichte an der Columbia Universität die wichtigsten. Zwei dieser Interviews wurden im Herbst 1969 und zwei im Herbst 1974 geführt. Es geht darin um ähnliche Themen wie in den Nagel Interviews von 1980/81. Sie enthalten aber einige wertvolle Details, die in den Nagel- Interviews nicht auftauchen, was möglicherweise daran liegen mag, daß Dr. Mahler damals noch jünger war. So

sind also die folgenden Memoiren eine Art erzählender Synthese aus den Interviews für die Columbia Universität und mit Doris Nagel 1980/81 sowie einer Reihe weiterer Interviews, die sich mit spezifischen Themen ihres Lebens und ihrer Arbeit befassen und die zwischen 1977 und 1984 geführt wurden. Außerdem waren mir Dr. Mahlers Reden und Vorträge wie auch etliche Videobänder von Interviews, die nicht abgeschrieben wurden, zugänglich. Diese Dokumente spielten für meine Arbeit keine größere Rolle, sie ergaben hier ein Datum, steuerten dort ein Detail bei, aber umfaßten im allgemeinen eher weitläufig die Ereignisse und Personen, die viel detaillierter in den anderen Niederschriften beschrieben sind.

Was also ist das Ergebnis meiner Arbeit, eine zusammenhängende Darstellung in der ersten Person Singular von Margaret Mahlers Leben aus den Interviews zusammenzustellen? Auch wenn ich nicht versichern kann, daß Dr. Mahler jede einzelne Stelle im Manuskript bis hin zu Satzstruktur und Wortwahl für gut befunden hätte, so bin ich doch sicher, daß sie das Manuskript als ihre Memoiren von Substanz, Stil und Ton her anerkannt hätte. Diese Behauptung stelle ich als Schriftsteller und Historiker auf, der sich bewußt ist, daß bei der Ausführung dieser Arbeit – wie unbewußt auch immer – die eigenen Gefühle auch irgendwie zum Tragen kommen. Natürlich hätte ein anderer Historiker und Schriftsteller mit seinen eigenen Gefühlen und Wertvorstellungen angesichts dieser Aufgabe ein von meinem unterschiedliches Manuskript geschrieben, doch hätten die Unterschiede wahrscheinlich nur in Kleinigkeiten gelegen, wie den lexikalischen und organisatorischen Strukturen, die einer jeden Darstellung zugrunde liegen. Von der Substanz her wäre jedoch, hätte auch er Margaret Mahlers Programm so wie ich zu seinem eigenen gemacht, kein anderes Produkt herausgekommen: die aufgeführten Einzelheiten, die persönlichen Urteile und die Sprache hätten sich kaum unterschieden.

Natürlich bestreite ich nicht den Allgemeinplatz, wonach Historiker die Daten, mit denen sie die Erzählung bestücken, »aussuchen«. Ich meine aber, daß ich in der Erarbeitung dieses Manuskripts meine selektive Wahrnehmung eher auf die periphere Komposition als auf den erzählenden Kern der Arbeit richtete. Schließlich stütze ich mich auf eine Reihe sich ergänzender Interview-Niederschriften, um Margaret Mahlers Leben so vollständig wie möglich zu beschreiben und so viel Details wie nur möglich aus allen Transkriptionen zu nutzen, statt sie gegeneinander auszuspielen oder eine Erzählung zu schaffen, die aus widersprüchlichen Betrachtungen besteht, die sich gegenseitig ausschließende Berichte erbracht hätten.

Tatsächlich weisen alle Interviews Dr. Mahlers eine bemerkenswerte Konsistenz auf, was ihre Erinnerungen und ihre Interpretation von Ereignissen angeht, wie auch ihre Darstellung der Menschen und ihre Reflexionen über ihr Leben und ihre Karriere. Die Interviews unterscheiden sich nur dadurch, daß sie sich auf verschiedene Aspekte ihres Lebens konzentrieren und dadurch verschiedene Details liefern, die in eine umfassende Synthese eingearbeitet werden müssen. Wenn ich behaupte, daß meine spezielle Synthese von ihr gern angenommen worden wäre, so beziehe ich mich dabei nicht nur auf das Urteil ihrer Nachlaßverwalter und zahlreicher Kollegen, die die Memoiren, während sie verfaßt wurden lasen, sondern – was viel mehr aussagt – auf Margaret Mahlers eigene Zufriedenheit mit den Fassungen der Kapitel, die sie vor ihrem Tod erhielt. Ich entfernte mich von den Transkriptionen nur mit äußerstem Respekt vor Details, indem ich nachprüfte und wo nötig Namen und Daten im Interesse der für Dr. Mahler so wichtigen Genauigkeit einfügte. Ansonsten war ich das herausgebende Instrument, durch das Margaret Mahler ihre eigene faszinierende Geschichte erzählt.

1 *Sopron*

Sopron, wo ich am 10. Mai 1897 geboren wurde, war ein kleines Grenzgebiet oder Komitat in Westungarn, näher an Wien – etwa vierzig Meilen – als bei Budapest gelegen. Der wahre Status dieser Stadt als Brücke zwischen dem politischen und kulturellen Leben zweier Nationen zeigte sich an der Tatsache, daß es auch einen österreichischen Namen hatte: Ödenburg. Ein Plebiszit ermöglichte es 1921 den Bürgern, sich für die ungarische oder österreichische Staatsbürgerschaft zu entscheiden. Diese Grenzland (Grenzlinien; englisch »borderline«; »Borderline« ist auch die Diagnose für »Grenzfälle« zwischen Neurose und Psychose. Anm. d. Übersetzerin) hat mich bereits früh in meinem Leben mit den politischen und sprachlichen Polaritäten in unserem Leben konfrontiert, während ich den Spagat zwischen beiden Traditionen versuchte. Mein kindlicher Versuch zwischen den beiden Traditionen zu vermitteln, entsprach wohl meiner persönlichen Version des kaiserlichen Kompromisses oder Ausgleichs, der 1867 die Deutschen Österreichs mit den Magyaren Ungarns in der zerbrechlichen Doppelmonarchie verband.

Nehmen wir nur einmal die Sprache. Mein Vater Gusztav Schönberger, der in Ferto-Szent Nikos, einer anderen Kleinstadt bei Sopron, geboren wurde, nahm Ungarisch als seine Muttersprache an. Die Eltern meiner Mutter, Eugenia Wiener Schönberger, kamen aus Lakenbach, einer deutschsprechenden schwäbischen Stadt. Obwohl meine Mutter eine ungarische Schule besuchte, sprach sie mit ihren Eltern nur Deutsch und konnte so niemals das Ungarische wirklich beherrschen. Jahre später wurde mir in meiner Psychoanalyse klar, daß meine jüngere Schwester und ich mit meinem Vater ungarisch sprachen, aber automatisch ins Deutsche fielen, sobald meine Mutter den Raum betrat. Diese sprachlichen Umstände haben sicher auch zu meiner politischen Treue beigetragen. Bis zum heutigen Tag fühle ich eine starke Verbundenheit zur österreichischen Kultur, die sicher von meiner frühen Nähe zu Wien herrührt und zugleich erinnere ich mein frühes Mitgefühl für den ungarischen Nationalismus als Opposition zum Habsburger Imperialismus.

Im Distrikt Sopron mit seinen wunderschönen barocken Bauten lag Liszts Geburtsort. In dieser Landschaft befindet sich die Stadt Esterhaza, wo Haydn viele Jahre als Kapellmeister wirkte. Um die Jahrhundertwende hatte Sopron einen bescheidenen Ruf als unauffällige Grenzstadt erlangt. Da es als Stätte »hoher« ungarischer Kultur galt, machten die vielen Berühmtheiten, die nach Wien fuhren, bei ihrer Durchreise dort halt.

Wir lebten in Sopron im sogenannten Gyoery Palota (dem Palais der Eisenbahngesellschaft). Das war ein Gebäudekomplex, der von den Angestellten der berühmten Eisenbahn, die durch die Stadt ging, bewohnt wurde. Diese selbständige Gemeinde mit Tennisplätzen und kleinen Gärten bot außerdem ein aktives soziales Leben, besonders für die Jugendlichen. Die heimelige Atmosphäre dieser Zeit und dieses Ortes gibt es nicht mehr, sie lebt höchstens noch in den Romanen des ungarischen Dichters Jokai. Mein Vater, der an der Universität Wien sein Medizinstudium abgeschlossen hatte, war Allgemeinarzt und zugleich der höchste Gesundheitsbeamte des Distrikts. Er hatte seine Praxis im wunderschönen Rathaus, übte seinen Beruf aber weitgehend außerhalb des Hauses aus. Er genoß hohes Ansehen in der Gemeinde, war Mitglied im exklusiven örtlichen »Klub« und einer der zwei oder drei Juden, die derart geehrt wurden. Meine Mutter nahm am aktiven gesellschaftlichen Leben meines Vaters nicht teil. Sie lebte mehr für ihren Haushalt und fand ihren Stolz darin, eine gute Köchin und Haushälterin zu sein. Obgleich mein Vater sie sehr verehrte, war sie doch, jedenfalls während meiner Kindheit, eine zutiefst unglückliche Frau.

Und so kam es, daß ich meines Vaters Tochter wurde. Ich kam zu früh – neun Monate und sechs Tage nach der Hochzeit – und wurde von meiner Mutter, die damals ein Mädchen von 19 Jahren war, stark abgelehnt. Sehr schön, sehr narzißtisch und sehr ver-

Margaret Mahlers Mutter, Eugenia Wiener Schönberger, eine fordernde und verwöhnte Schönheit, lehnte Margaret, die neun Monate und sechs Tage nach ihrer Hochzeit geboren wurde, ab. Bei der vier Jahre später geborenen Tochter Suzanne blühten Eugenias mütterliche Instinkte auf, was das Unglück ihrer älteren Tochter nur vergrößerte. *(Aus Margaret S. Mahlers Nachlaß)*

Mahlers Vater, Dr. Gusztav Schönberger war eine Stütze der Soproner Gesellschaft. Er liebte Margaret wie ein Sohn und würdigte ihre intellektuellen Fähigkeiten, während er gleichzeitig ihre Weiblichkeit entmutigte. *(Aus Margaret S. Mahlers Nachlaß)*

wöhnt, gab sie meinem Vater die Schuld an meinem unzeitigen Kommen, machte ihn für den Verlust ihres »Hochzeitskleids« verantwortlich. Aus ihrem Zorn heraus wollte sie so wenig wie möglich mit mir zu tun haben. Als ich in meinem ersten Lebensjahr sehr krank war und unter Schlafstörungen litt, war es mein Vater, der zusammen mit meinem Kindermädchen nachts aufstand und nach mir schaute. Die symbiotische Phase meines Lebens war sehr schwierig: ich muß verzweifelte Wut gegen diese zurückweisende Mutter empfunden und sie zugleich nichtsdestotrotz unendlich geliebt haben.

Die Ankunft meiner Schwester Suzanne vier Jahre nach meiner Geburt hat mein Gefühl von meiner Mutter abgewiesen zu sein, nur verstärkt. Sie war ein erwünschtes Kind und erweckte die mütterlichen Instinkte unserer Mutter – Instinkte, die, als es um mich ging, verborgen geblieben waren. Für meine Schwester stand meine Mutter nachts auf, sie akzeptierte und liebte dieses jüngere Kind in einer Weise, wie sie mich nie akzeptiert und geliebt hatte. Ich glaube, daß mich diese Beobachtungen meiner Mutter und der liebevollen Interaktionen, die sie mit meiner Schwester hatte – und der Gegensatz zu den Begegnungen mit mir – zur Kinderheilkunde und Psychoanalyse führten – insbesondere zu meiner konsequenten Erforschung der Zweieinheit von Mutter und Kind. Ich denke nicht, daß ich übertreibe, wenn ich sage, daß meine eigene Mutter und Schwester für mich das erste Mutter-Kind- Paar waren, das ich untersuchte. Schon in meiner frühen Kindheit wurde ich als sehr aufmerksames Kind angesehen, dessen intensiver Blick oft auffiel. Man hat mir erzählt, daß meine Kinderschwester, die mich in schlaflosen Nächten zum Schlafen bringen sollte, meinem Vater erwiderte: »Wie kann ich sie zum Schlafen bringen? Sie starrt wie ein Luchs.« Diese visuelle Überachtsamkeit mag ursprünglich eine Reaktion auf die unachtsame Mutter gewesen sein, die mich – wie ich glaubte – lieber tot gesehen hätte.

Wenn ich irgend etwas aus der Beobachtung der liebevollen Zuwendung meiner Mutter gegenüber meiner Schwester gelernt habe, dann war es dies: zu erkennen, wie man sein älteres Kind nicht behandelt. Meiner Mutter ständige Demonstration von Zuneigung und Werbung in meiner Gegenwart lieferte nur Zündstoff für mein Opfergefühl: ich war sauer auf meine Mutter und voller Verachtung für meine Schwester, die es nach meinem Empfinden viel zu leicht hatte. Ich erinnere einen Vorfall aus meiner frühen Kindheit, wo mein Ärger Ausdruck fand. Meine Schwester, damals vielleicht ein Krabbelkind von zwei Jahren, drückte ihre Wange auf ein heißes Bügeleisen. Als meine Mutter nach Hause kam, wurde sie hysterisch, raste mit dem Kind unkontrolliert heulend durch das Zimmer. Meine eigene Reaktion auf dieses traurige Spektakel bestand aus Schadenfreude und Verachtung. Meine Schwester war blöd genug, dachte ich bei mir, daß sie ihre Wange aufs heiße Bügeleisen legte.

Aus Mangel an vertrauensvoller Erwartung und dem fehlenden Grundvertrauen auf die Gefühle meiner Mutter für mich wandte ich mich meinem Vater zu. Folgende Geschichte soll sich zugetragen haben, als ich viereinhalb Jahre alt war. Ich beobachtete, wie meine Mutter meine kleine Schwester knuddelte und herzte und dabei sagte: »Ich habe dich zur Welt gebracht, ich nähre dich, ich liebe dich, ich bete dich an, ich lebe nur für dich, du bist mein ganzes Leben.« Darauf soll ich gesagt haben: »Und mich hat mein Papa geboren« (auch im Original deutsch). Ich erinnere mich dieses Vorfalls nicht, aber mir blieb ein späteres Ereignis wie ein klares Leinwandbild im Gedächtnis haften. Meine Mutter, die beim Stillen meiner Schwester einen Brustabszeß entwickelt hatte, sagte mir ins Gesicht, daß sie mich nicht genährt hätte, nur meine Schwester. Und als der Arzt, der meines Vaters Vorgesetzter und Vorgänger war, zu uns nach Hause kam, um sich um die Wunde meiner Mutter zu kümmern, erinnere ich mich sehr gut an meinen kindlichen Zorn, der sich in dem Gedanken ausdrückte: »geschieht dir recht, daß diese kleine Kreatur dir die Brust aufißt.«

Meiner Mutter lieblose Zurückweisung hat mich unwiederbringlich dem Haushalt, der ja ihre Domäne war, entfremdet. Sie war Sklavin unserer großen Wohnung, die sie wie einen Schrein hütete. Unbefugte hatten keinen Zutritt. Sogar mein Vater mußte seinen Nachmittagsschlaf in seiner Praxis im Rathaus halten. Wenn ich schon einmal – und es geschah eh sehr selten – Freunde mit nach Hause brachte, wurden sie ungnädig empfangen. Meine Freunde und Freundinnen waren Eindringlinge genauso wie die Patienten meines Vaters. Für meine Mutter drehte sich alles um das Aussehen unseres Haushalts und nicht um die Wünsche und Bedürfnisse seiner Mitglieder.

Wenn ich so auf diese frühe Periode in meinem Leben zurückblicke, erscheint mir die totale Beschäftigung meiner Mutter mit dem Haushalt als Ausdruck einer schweren Neurose, die sie für die Gefühle der anderen unsensibel machte. Ich erinnere mich noch immer an die Feier zu meinem achten Geburtstag – die erste und letzte meiner Kindheit – ein deutliches Beispiel für die Taktlosigkeit meiner Mutter. Höhepunkt der Feier sollte eine Tombola sein, eine Lotterie und meine Mutter hatte kurzerhand entschieden, daß der Hauptgewinn meine geliebte Sammlung von Schokoladetieren sein sollte, auf die ich so stolz war. Sie hat mich bestochen: damit ich die Geburtstagsfeier haben konnte, mußte ich einwilligen, meine geliebte Sammlung herzugeben. Und obwohl meine Mutter schließlich zugestimmt hatte den Preis unter zwei Kindern zu teilen, hat sie schließlich doch die gesammelte Sammlung einem kleinen Mädchen aus ihrer entfernten mütterlichen Verwandtschaft gegeben. Das vergrößerte nur mein verzweifeltes Unglück über den Verlust meiner wertvollen Sammlung. Als die Feier endete, habe ich untröstlich geweint. Es würde keine Geburtstagsfeste mehr geben.

Schon in früher Kindheit wandte ich mich der Welt meines Vaters, der Welt des Intellektes, der Wissenschaften, der Medizin zu. Im Gegensatz zu meiner Mutter, die mich ihr innerstes Heiligtum, die Küche, nie betreten ließ, behandelte mich mein Vater wie einen Sohn. Ich erinnere mich, wie er sich vor seinen Freunden brüstete: »Ich habe eine Tochter, mit der ich über Mathematik und Politik diskutieren kann.«

Es waren tatsächlich die Bemühungen meines Vaters, mich als seinen »Sohn« zu sehen und mein bereitwilliges Akzeptieren dieser Rolle, die meine Geschlechtsidentität in der Kindheit ver-

Margaret lehnte Suzanne während der gesamten Kindheit ab, denn Suzannes Schönheit und Weiblichkeit wurden von beiden Eltern hervorgehoben. Zudem erhielt Suzanne die mütterliche Zuneigung, die Margaret nie bekommen hatte. *(Aus Margaret S. Mahlers Nachlaß)*

Von oben im Uhrzeigersinn: Margaret Mahler mit fünf Jahren; ihre Schwester Suzanne in früher Jugend; die achtjährige Margaret mit der vierjährigen Suzanne.

wirrten.[1] Nie kam es mir in den Sinn und meine Mutter gab mir auch keinerlei Anlaß dies zu glauben, daß ich ein hübsches, junges Mädchen sein könne. Mein Vater war da auch keine große Hilfe, denn seine Unterstützung meines intellektuellen Selbstwertgefühls ging auf Kosten meines Gefühls für meine Weiblichkeit. Ich erinnere einen Vorfall aus der frühen Kindheit. Meine Schwester und ich waren vom örtlichen Hofphotographen photographiert worden. Meine Mutter hatte eine abfällige Bemerkung über mein Photo gemacht, indem sie sagte, ich sähe hausbacken oder häßlich aus. Darauf erwiderte mein Vater: »Aber der Photograph sagte, ihre Schönheit könne von gewöhnlichen Leuten nicht geschätzt werden.« Dieser Vorfall steht in meiner Erinnerung einzigartig da, denn das war – soweit ich mich erinnere – die einzige positive Bemerkung, die mein Vater je über mein Äußeres machte. Von da an bis ungefähr zu meinem 60. Lebensjahr habe ich kaum in den Spiegel geschaut. Ich habe die Tatsache, daß ich eine anziehende Frau war, total verdrängt.

Mir kommen noch andere Vorfälle in den Sinn, die von meiner Schwierigkeit zeugen, eine weibliche Identität zu entwickeln. Mein Vater pflegte meine periodischen Liebesbekundungen für verschiedene Lehrer während meiner Schulzeit mit der flapsigen Bemerkung abzutun: »Du bist dir Manns genug« (Original). Als meine Schwester mit dreizehn schon Schwärme junger Männer anzog, las ich mit meinen siebzehn Jahren alles, was ich über Einsteins Relativitätstheorie in die Hände bekommen konnte. Wenn ich mich dann manchmal in Gesellschaft begab, rief ich bei meinen Begleitern Reaktionen hervor, die sich sehr von denen meiner Schwester unterschieden. Ich weiß noch, wie ich einen meiner Tanzpartner während eines Spaziergangs auf dem Jahrestanzabend des Lehne-Instituts, einer berühmten Internatsschule in Sopron, erschreckte. Dieser jährliche Tanzabend war ein bedeutendes Ereignis in der Stadt und nur die höheren Töchter der Gesellschaft von Sopron wurden eingeladen. Bei diesem fraglichen Spaziergang also sprachen mein Partner und ich über Gott. Als er mich fragte, wo Gott sein könne, antwortete ich »in der vierten Dimension«. Der Junge hatte keine Ahnung wovon ich sprach, war doch die Idee einer »vierten Dimension« jenseits seiner Vorstellungskraft. Bleibt noch zu sagen, daß meine Antwort ihn sehr verlegen machte und wir nie mehr miteinander spazieren gingen.

Da ich außerhalb des narzißtischen Radius meiner Mutter und meiner Schwester lebte – meine Mutter »sammelte« die Kavaliere meiner Schwester und blühte – selbst eine schöne Frau – auf, als meine Schwester in die Pubertät kam – tendierte ich dazu, meine eigene Weiblichkeit vollkommen zu verleugnen. Ich weigerte mich zu glauben, daß irgend ein Mann, der es wert war, mich lieben könnte. Wenn jemand zufällig irgendein Gefühl für mich ausdrückte, war er sofort weniger wert.[2] Nachdem ich nie gelernt hatte, als Frau in den Wettstreit mit anderen Frauen zu treten, lernte ich stattdessen wie ich als Frau in der Welt der Männer Niederlagen vermeiden konnte. Kurz, ich entwickelte bereits früh ein starkes Unabhängigkeitsstreben – und fand damit bei meinem Vater volle Sympathie.

Und doch hat mein Vater meine Probleme noch vergrößert, denn er schaffte es nicht, anzuerkennen, daß ich nicht sein Sohn war. Ich wuchs zerrissen von einem Gegensatz auf, dessen ich mir nur teilweise bewußt war. Einerseits versuchte ich durch Identifikation mit meinem Vater mir selbst Manns genug zu sein. Andererseits beneidete ich meine Schwester um ihre weiblichen Eroberungen und wollte zugleich, daß mein Vater mich als kleines hübsches Mädchen wie ein Kavalier verteidigte. Aber meines Vaters väterliche Sorge schien für meine Schwester reserviert zu sein. Als ich mit 39 heiratete, begeisterte ihn dieses Ereignis kaum, auch wenn er meinen Verlobten, Paul Mahler, mochte. Als der arme Paul nach Sopron kam und um meine Hand anhielt, sagte mein Vater zu ihm: »Du mußt wissen, was du tust, sie ist kein Durchschnitt«. Psychoanalytisch gedeutet meinte mein Vater: »Paß auf, denn was auch immer ihre Stärken und Schwächen sein mögen – sie ist nicht kastriert – und du solltest gut aufpassen, daß sie dich nicht kastriert.« Mein künftiger Ehemann hat hier nicht die Flucht ergriffen – und das ist ihm heute noch hoch anzurechnen – sondern blieb standhaft. Mein Vater kam zu dem

Essen, das der Trauung folgte, zu spät. Obgleich er ein großzügiger Mann war, bat er mich, ihm die Auslagen für das Essen zu ersetzen – noch bevor es vorüber war. Man könnte sagen, daß er etwas gegen meine Heirat hatte!

Die Entscheidungen für meine Ausbildung hatten mit meiner Identifikation mit meinem Vater zu tun sowie mit dem Entschluß, mich von meiner Mutter und ihrem Haushalt zu lösen. Nachdem ich sechs Jahre die *Höhere Töchterschule* am Ort besucht hatte, konnte ich entweder in ein Pensionat in der Schweiz gehen oder mich auf eine berufliche Laufbahn vorbereiten, indem ich ein Gymnasium außerhalb Soprons besuchte. Sopron selber, das sei gesagt, hatte schon ein gutes Schulsystem aufzuweisen, darunter auch ein Gymnasium, aber dort waren Mädchen nicht zugelassen. Auch die Mittelschule, die den Zugang eröffnet hätte, durften sie nicht besuchen. Und so richteten sich meine Sehnsüchte nach einer gymnasialen Ausbildung auf Budapest. Während sowohl das Schweizer Pensionat wie auch das Gymnasium in Budapest mich von meiner Mutter entfernt hätten, zog ich doch das Gymnasium vor, zum Teil auch, weil ich meinen Vater testen wollte: ich konnte ihm nicht ganz glauben, daß er mir akademische Studien erlauben würde, die ganz sicher nicht für ungarische Provinztöchter gedacht waren und die durchaus die Möglichkeit zu einer medizinischen Karriere eröffneten.

Inzwischen hatte ich mir nämlich die Phantasie aufgebaut, daß mein Vater den Wunsch seines »kleinen Mädchens«, Ärztin zu werden, schockierend fände. Diese Phantasie, die zweifellos von meinen eigenen innerseelischen Konflikten herrührte, wurde immer wieder durch mein fortwährendes Lesen der medizinischen Bücher in der Bibliothek meines Vaters genährt. Irgendwann schien es mir, als ob die Medizin, die sich mit dem Körper befaßt – einschließlich des kranken und des »schmutzigen« sexuellen Körpers – ganz und gar tabu sei. Mein Vater, so machte ich mir vor, würde mir nie seinen Segen geben, um einen Beruf zu wählen, der mich täglich in Kontakt mit dem Körper bringen würde.

Aber meine Phantasie war eben nur eine Phantasie, und mein Vater nahm also meine Ankündigung auf das Gymnasium in Budapest zu gehen, gelassen auf. Es paßte ihm sogar, daß ich eine Ausbildung wie ein Junge aufnahm. Ob ich nun sein Sohn war oder nicht, auf jeden Fall hatte ich genügend Intelligenz und Persönlichkeit, um wie ein Sohn zu studieren. Und so verließ ich 1913 als zweite Frau aus Sopron die Heimatstadt, um mich der höheren Bildung zu widmen, die üblicherweise nur Männern vorbehalten war. Natürlich hat nicht einmal die Unterstützung meines Vaters meine Zweifel an akademische Studien im allgemeinen und dem medizinischen Beruf im besonderen, zerstreuen können. Nachdem ich erfolgreich das Gymnasium beendet hatte, habe ich mich keineswegs gleich an der medizinischen Hochschule beworben, sondern tauchte erst einmal in einem eher »weiblichen« Studiengebiet – nämlich Kunstgeschichte – für ein Semester unter. Ich schien entschlossen, es mir bei der Verfolgung meines »männlichen« Berufsziels so schwer wie möglich zu machen. Ich habe nicht nur unendlich lange gezögert, indem ich die Bewerbung für das Medizinstudium erst in letzter Minute abgab, sondern strebte weiterhin nach einer konventionelleren weiblichen Rolle, während ich auf meine »männlichen« Ziele zuschritt.

Aber ich eile meiner Zeit voraus. Mein Umzug nach Budapest im Alter von 16 Jahren war ein Wendepunkt in meinem Leben, wenn auch die Umstände damals äußerst ungünstig erschienen. Ich wurde bei der Lieblingsschwester meiner Mutter, Irma Wiener Herezeg, untergebracht und die zeigte mir ganz deutlich, daß sie mich nicht mochte. Wie meine Mutter, zog sie meine Schwester vor. Jahre später entdeckte ich unter dem Hab und Gut meiner Schwester ihren Briefwechsel mit dieser Tante: die beiden sagten lauter liebe Sachen über sich und gar nichts Gutes über mich! Tante Irma, die ich später finanziell unterstützte, überlebte den Zweiten Weltkrieg, die Nazis ließen sie wohl ihres hohen Alters wegen am Leben. Sie hatte zwei Kinder, eine Tochter, die schizophren war und die noch vor dem Einmarsch der Nazis in Budapest starb sowie einen Sohn, der mir ein guter Freund war und von den Nazis getötet wurde.

Während der zwei Jahre am Vaci Utcai Gimnazium in Budapest kam ich im Haushalt der Familie Kovacs mit der Psychoanalyse in Berührung. Kurz nachdem ich mit meiner Ausbildung begonnen hatte, wurde ich die beste Freundin von Alice Szekely-Kovacs (später Michael Balints Frau), die mit mir aufs Gymnasium ging. Ihre Mutter, Vilma Kovacs, war eine große Dame der Budapester Gesellschaft. Sie wurde später eine hervorragende Lehranalytikerin in Ungarn. Sie war eine der ersten Analysanden von Sandor Ferenczi. Als ich zu diesem Haushalt stieß, hatte sie ihre Analyse beendet und zählte Ferenczi zu ihren guten Freunden. Ich hatte Glück: sie war während meiner Gymnasialzeit in Budapest eine wunderbar unterstützende »Tagesmutter« für mich. Ihr Mann Fritz Kovacs gehörte zu den bekanntesten Architekten in Ungarn, der viele berühmte öffentliche Gebäude entworfen hatte.

Die wunderschöne Villa der Kovacs auf Nap Hegy (Sonnenhügel) war eine Art Salon, ein psychoanalytischer Haushalt, wo ich warm empfangen und behandelt wurde wie eine Adoptivtochter, die kommen und gehen kann, wie sie will. Als Objekt ihrer Zuneigung bekam ich den Namen Sonjicska, der an Sonja Kovalevsky erinnerte[3]. Zu den häufigen Abendeinladungen bei den Kovacs kamen Ferenczi, Michael Balint, Geza Roheim und der Maler Robert Bereney[4]. Auf einem dieser Feste wurde ich Ferenczi vorgestellt, der mich zu mögen schien.

In dieser intellektuell anregenden Runde und besonders durch die Einführung bei Ferenczi wurde ich erstmals auf die Psychoanalyse aufmerksam. Genauso erging es Alice Szekely-Kovacs und Emmy Balint (Michaels Schwester). Uns dreien, allesamt Klassenkameradinnen, gelang es, Ferenczis deutsche Übertragung der Vorlesungen Freuds an der Clark Universität von 1909 zu bekommen. Wir lasen sie heimlich, unter der Schulbank gewissermaßen. Die Clark-Vorlesungen boten eine ideale Möglichkeit des Einstiegs in diese neue Wissenschaft, indem sie ein klares und leicht zugängliches Bild der Arbeitsweise der Psychoanalyse lieferten und auch zeigten, was man damit machen kann. Später kam ich an eine Kopie von Freuds »Drei Abhandlungen zur Sexualtheorie«, die ich begierig und mit gemischten Gefühlen las. Ich spürte, daß dieses Werk eine große Entdeckung barg. Aus dieser ersten Begegnung mit Freud ging ich mit einer starken Wertschätzung für das Konzept des Unbewußten hervor – eine ganz schön starke Bemerkung für ein 16jähriges Schulmädchen aus der ungarischen Provinz.

Den größten Einfluß auf mich hatte aber doch der direkte Kontakt mit den Leuten, die im Hause Kovacs zusammenkamen. Auf Nap Hegy wurde Psychoanalyse gelebt: die Luft, die wir atmeten war mit Freuds bahnbrechenden Entdeckungen geschwängert. Ich erinnere, wie Ferenczi mich nach meinem Vater fragte und wie ich ihm erzählte, daß es mir darum zu tun war, daß er seinen Nachmittagsschlaf von Fliegen ungestört verbrachte. Ferenczi hörte einfach zu und wenn er eine Interpretation dafür fand, so hat er sie mir nie mitgeteilt. Ferenczi schien mich sehr zu mögen. Er hat mich später dazu ermuntert, mich beim Wiener Psychoanalytischen Institut um einen Ausbildungsplatz zu bewerben. Ich habe bereits erwähnt, daß unsere Gastgeberin nach ihrer Analyse bei Ferenczi selber Analytikerin wurde. Sie schrieb später eine psychoanalytische Abhandlung über das Scrotum »Die Beutel des Fortunatus«, die – obwohl heute kaum bekannt – mich noch immer wie ein Klassiker beeindruckt. Michael Balint, der damals noch auf das Gymnasium ging, fühlte sich ebenfalls zu Ferenczi hingezogen. Er wurde später sein Verwalter und Erbe. Damals war er neben der Psychoanalyse noch an Mathematik und Anthropologie interessiert und sein Interesse für Alice, die er später heiratete, war natürlich ein weiterer Grund für seine häufigen Besuche im Hause Kovacs.

Für mich beginnt die Psychoanalyse in Budapest und da im Wohnzimmer der Villa Kovacs, wo Vilma Kovacs ihren erlesenen Kreis von Freunden unterhielt. Es war das Wissen um meinen akzeptierten »Insider«-Status, das mir immer wieder während der ereignisreichen Zeit meiner analytischen Ausbildung in Wien Trost spendete – denn dort war ich eine Außenseiterin. In dieser späteren Phase habe ich immer wieder Budapest besucht, wo ich jedesmal durch die herzliche Aufnahme im Budapester Kreis neu belebt wurde. Schließlich wurde ich so eine Art »Gastprofessorin« in der Budapester Psychoanalytischen Gesellschaft, indem

ich Mitglieder der Gesellschaft in der Anwendung des Rorschachtestes für die Klinik unterrichtete. Bei diesen häufigen Besuchen freundete ich mich damals auch näher und enger mit der Schwester von Alice, Olga Szekely-Kovacs an. Unter ihrem angeheirateten Namen Olga Dormandi wurde sie eine berühmte Künstlerin und erlangte große Anerkennung, nachdem sie um 1940 herum als Porträtistin nach New York übersiedelte.
Der nachhaltige Einfluß des Budapester Kreises auf mein Leben und meine Karriere geht weit über die Unterstützung und Aufnahme während der schwierigen Jahre meiner analytischen Ausbildung hinaus. Dieser Kreis spielte auch keine geringe Rolle bei meinen klinischen und Entwicklungs-Forschungen. Die einflußreichen ungarischen Analytiker, die ich im Hause Kovacs traf – Ferenczi, Herman, Bak, Benedek – leisteten alle ihre besonderen Beiträge zur Analyse, die bis heute viel zu wenig gewürdigt werden. Die Idee der Zweieinheit von Mutter und Kind zum Beispiel hat ihren Ursprung in deren klaren theoretischen und klinischen Darlegungen. Dieser entwicklungsgeschichtliche Standpunkt fand jedoch in der deutschen oder Wiener psychoanalytischen Literatur der damaligen Zeit keinerlei Ausdruck, taucht selbst bei den späteren Werken Anna Freuds nicht auf. In ihrer Klinik in Hampstead sah man sicherlich auch das Mutter/Kind-Paar, doch wurde das Kind separat untersucht. »Laß die Mutter im Wartezimmer, sie ist müde«, hieß es bei den Hampstead Analytikern und Analytikerinnen. Anna Freud und ihr Kollegium befaßten sich hauptsächlich mit innerseelischen Vorgängen, die sie für die wahre Domäne der Psychoanalyse hielten. Tatsächlich ist es ja auch das Innerseelische, das zählt – aber wie ich im Laufe meines Lebens durch meine Forschung und meine Arbeiten zeigte, entwickelt sich das Innerseelische nur durch die Differenzierung aus der ursprünglich undifferenzierten Matrix von Mutter und Kind. Hätte man sich noch vor zwanzig oder dreißig Jahren in psychoanalytischen Kreisen so geäußert, also die Vorbedingungen der »Umgebung« für die innerseelische Entwicklung erwähnt, so wäre man der Häresie bezichtigt worden; in einigen psychoanalytischen Instituten geschieht dies noch heute. In den dreißiger und

vierziger Jahren war dies in der Klinik von Hampstead sogar noch ärger, denn die Analytiker dort hatten große Mühe ihre Position von der Melanie Kleins aber auch von D.W. Winnicott abzugrenzen. Schließlich – so sei erinnert – war es Winnicott, der sagte, es gäbe kein Baby ohne Mutter.

Über Ferenczi sollte ich vielleicht ein bißchen mehr sagen. Ich hegte starke Gefühle für ihn, wie ich sie nie für Freud hatte, vielleicht deswegen, weil er ja für mich sehr viel zugänglicher war als Freud. Im Anschluß an unsere Begegnung im Hause Kovacs während meiner Gymnasialzeit trafen sich unsere Wege wieder 1920. Damals fing er gerade an mit der »aktiven Technik« zu experimentieren, was ihm schließlich Freuds Ablehnung einbringen sollte. Schon damals gab es Gerüchte, daß Freud Ferenczi schlecht behandelte, daß er seine neuen Ideen mißachtete. Von Ferenczi wußte man, daß er darüber klagte, daß Freud seine negative Übertragung in seiner Analyse nicht behandelt hatte.

Obgleich ich natürlich nicht in der Lage war, die Kontroversen, die durch Ferenczis Arbeit angestachelt wurden, zu beurteilen, so war und bin ich überzeugt, daß er brillant war, einer der einfallreichsten frühen Nachfolger Freuds. Ich glaube, daß die Annahmen, die seinen Neuerungen zugrunde lagen, nicht nur stimmig waren, sondern sich auch als wesentlich für die Entwicklung der Analyse in den Jahrzehnten nach Freuds Tod erwiesen. Es war vor allem Ferenczi, der als erster erkannte, wie tief bestimmte Analysanden in der analytischen Situation regredieren müssen, wenn die Analyse heilsam sein soll. Anders als Freud hatte er keine Angst vor stark regredierten Patienten – in dieser Hinsicht war er seiner Zeit weit voraus. Ferenczis mütterliche Zuwendung zu diesen stark regredierten Patienten – einige soll er sogar mit der Flasche gefüttert haben – zeigte sein Wissen darum, daß bestimmte frühe Entbehrungen angesprochen und überwunden werden müssen, bevor die analytische Arbeit weiter fortschreiten kann; er nahm viele der neueren Arbeiten über die psychoanalytische Behandlung von Entwicklungshemmungen vorweg. Im Gegensatz dazu hat Freud immer wieder seine tiefe Antipathie gegenüber Psychotikern bekundet. Ich erinnere mich an den Brief, den er an Ferenczis Mitarbeiter István Hollós schrieb, nachdem Hollós ihm sein Manuskript »Hinter der gelben Tapete« zur Begutachtung geschickt hatte. Freud gab zu, daß er sich immer schämte oder unwohl fühlte, wenn er Menschen begegnete, die keine Menschen mehr waren. Er hat daher die Begutachtung der Arbeit von Hollós mit dem Hinweis abgelehnt, er könne sich kein objektives Urteil bilden, denn seine Einstellung gegenüber Psychotikern mache es ihm unmöglich, sich mit den Inhalten des Buchs zu befassen.[5]

1916 verließ ich die Geborgenheit des Hauses Kovacs. In den zwei Jahren meiner Gymnasialzeit war es für mich wie eine Oase gewesen, nachdem ich mich bei meiner Tante ja so unglücklich fühlte. Gegen Ende der Gymnasialzeit hin gingen die Schüler und Schülerinnen, die gern gesehene Mitglieder dieses denkwürdigen psychoanalytischen Salons waren, ihre getrennten Wege. Alice Kovacs ging an die Universität Berlin und studierte Anthropologie, und ich quälte mich mit dem Gedanken, die medizinische Laufbahn einzuschlagen.

2 *Medizinstudien zwischen den Kriegen*

Meine Immatrikulation an der Universität von Budapest im Jahre 1916 trennte mich abrupt und schmerzhaft von meinem Kovacs-Kreis, der mich während meiner zweijährigen Gymnasialzeit so unterstützt hatte. Ich wohnte noch für eine gewisse Zeit bei der Schwester meiner Mutter, fühlte mich aber bald so unwohl in ihrem Haus, daß ich für die nächsten zwei Jahre in die Universität zog, wo ich mit einigen Klassenkameradinnen eine möblierte Wohnung teilte. Meine Entscheidung für die medizinische Ausbildung kam nach einer Zeit des Schwankens, in der ich mit den verschiedenen Interessengebieten meiner Freundinnen liebäugelte und mir vorstellte in den Natur- oder Sozialwissenschaften meine berufliche Zukunft zu suchen. Der Kovacs-Kreis, das sei noch einmal wiederholt, war eine psychoanalytische Studiengruppe im weitesten Sinne, unser Interesse an Freud und seinen Entdeckungen war nur ein Mosaiksteinchen unserer kulturellen Interessen, die Mathematik, Biologie, Anthropologie, Soziologie und Pädagogik einschlossen. Zu Zeiten wollte ich meiner Freundin Alice Kovacs folgen und ebenso Anthropologie studieren oder wie Robert Bereney mich dem Kunststudium zuwenden, dann wieder meiner natürlichen Begabung für Mathematik folgen.
Tatsächlich habe ich vor dem Medizinstudium – wie bereits erwähnt – ein Semester Kunstgeschichte und Ästhetik studiert. Zwar hegte ich ein großes Interesse für die Kunst und besonders für die Bildhauerei, aber es fehlte mir einfach die Begabung für eine künstlerische Laufbahn. Außerdem war die Budapester Fakultät auf diesem Gebiet nicht gerade herausragend und ich langweilte mich bei meinen Seminaren zu Tode. Und so habe ich also dieses Hobby ad acta gelegt und mich dem Beruf zugewandt, dem meine Sehnsucht schon seit langem galt.

Nachdem ich diese Entscheidung getroffen hatte, stellte ich mich dem Dekan der Aufnahmekommission für die medizinische Hochschule vor, erhielt die Zulassung und begann im Januar 1917 das zweite Semester meines Universitätsstudiums mit der Medizin. Aber Erleichterung brachte mir das damals noch nicht. Ich brütete darüber, wie ich diese Entwicklung meinem Vater »beichten« könne. Ich habe dann die Osterferien für einen Besuch zu Hause in Sopron genutzt und ihm dabei die Neuigkeit mitgeteilt. Und – man stelle sich vor – ohne auf meine Phantasien auch nur im geringsten einzugehen, sagte er vollkommen gleichmütig: »Liebling, wenn es dich glücklich macht, bin ich ganz und gar auf deiner Seite.«

Indem ich mich schließlich für die Psychoanalyse entschied, die ich über das Studium der Medizin weiterverfolgen wollte, schlug ich eine völlig andere Richtung als meine Freunde ein, trotz unseres gemeinsamen Interesses an Freud. Ich habe wohl jetzt genug betont, daß mein Vater einen starken und kritischen Einfluß auf diese Entscheidung hatte. Als er noch während meiner Kindheit mein starkes Interesse an seiner Arbeit bemerkte, überwand er all die Ängste, die sicherlich damit verbunden waren, daß es damals bahnbrechend für ein junges ungarisches Mädchen war, sich dem Medizinstudium zuzuwenden. Ich erinnere mich an gelegentliche Gespräche mit ihm in meiner Jugend, in denen er mich warnte, bestimmte trostlose medizinische Fachrichtungen zu wählen. Statt der Chirurgie sollte ich mir lieber etwas »reizendes« weibliches aussuchen, wie die Augenheilkunde beispielsweise. Ich erinnere auch verschiedene Diskussionen, in denen wir uns über die Vorzüge und Nachteile der einzelnen Fachrichtungen unterhielten und bei denen er mir auch die Schattenseiten der Medizin zeigen wollte. Seine Sorge darum, daß ich schließlich eine unpassende Fachrichtung wählen würde, war tatsächlich der einzige Grund für meine Phantasie, daß die Medizin tabu sei und daß mein Vater von vornherein gegen meinen Wunsch, Ärztin zu werden, eingestellt wäre.

Ich erinnere mich ganz besonders an meines Vaters Geringschätzung für die Psychiatrie. Er teilte natürlich die Ansicht seiner

Oben: In ihrer Jugend war Margaret Mahler eine betörende Schönheit. Doch hat sie von früher Kindheit bis zu ihren Sechzigern kaum je in den Spiegel geschaut und »absolut geleugnet, daß ich je eine attraktive Frau war«.
Rechts: ihre Schwester Suzanne war in ihrer frühen Jugend ähnlich bezaubernd.
(Aus Margaret S. Mahlers Nachlaß)

Zeitgenossen, daß die Psychiatrie eine klinische oder akademische Richtung sei, die sich mit der institutionalisierten Sorge für Psychotiker befasse, bei denen kaum Aussicht auf Heilung bestünde. Bei mehreren Gelegenheiten sah ich, wie er erregte Psychotiker zum nahegelegenen Krankenhaus in Preßburg (Bratislava) begleitete, da es eine solche Klinik in Sopron nicht gab. Als Chef des Gesundheitsamtes des Bezirks war es seine Aufgabe, dafür zu sorgen, daß akut gestörte Menschen (beispielsweise solche mit katatonen Ausbrüchen) keinerlei Schaden anrichteten. Diese Welt der Psychiatrie war natürlich weit entfernt von der Welt der Psychoanalyse, die ich im Hause Kovacs kennengelernt hatte. Aber von meinem Vater konnte man kaum erwarten, daß er diesen Unterschied zwischen der Psychiatrie, wie er sie kannte, und der Psychoanalyse begriff. Zu seinen Gunsten sei aber gesagt, daß er meinem wachsenden professionellen Interesse vorurteilslos begegnete: als er erfuhr, daß ich mich mit Psychoanalyse befaßte, begann er Freud zu lesen.

Mein Übergang zum Leben einer Medizinstudentin war anstrengend. Nach drei Semestern vorklinischer Studien an der Universität von Budapest beschloß ich mit einigen Kommilitonen zum Klinikum an die Universität von München zu gehen. Unser kleiner Kreis schloß auch einen jungen Mann ein, der kein Medizinstudent war. Dies war J., ein eifriger Verehrer, mit dem ich ein wechselhaftes Verhältnis während der zwei Jahre meiner vorklinischen Studien hatte. Als meine Kommilitonen nach Abschluß des zweiten Semesters des Studienjahres 1918-19 beschlossen, Budapest zu verlassen, wollte J. mich unbedingt heiraten. Da ich jedoch für eine Ehe nicht bereit war, beschloß er, mich auf meinem durch die Ausbildung bedingten Wohnortwechsel zu begleiten.

Es gab in der Tat eine Menge Gründe für den Umzug nach Deutschland. Das repressive kommunistische Horthy Regime, das 1920 in Ungarn zur Macht kam, erließ gleich einen Numerus clausus für jüdische Universitätsstudierende. Das Menetekel war schon an der Wand, das heißt deutlich vorauszusehen, als ich Ungarn 1919, also ein Jahr vorher, verließ. Als Jüdin und als Frau waren meine Chancen, das Studium in Budapest zu beenden, äußerst gering. Selbst wenn ich meine Ausbildung hätte abschließen können, waren die politischen Umstände des Lebens unter dem Horthy Regime, darunter die Agitation der Gegner des Regimes, einem ruhigen Studium ausgesprochen abträglich. Außerdem war ich damals bereits entschlossen, mich auf Kinderheilkunde zu spezialisieren und die hervorragenden Lehrer und Forscher befanden sich damals alle in Deutschland. Kinderheilkunde, das sollte ich vielleicht erklären, war eine Art Kompromiß: sie würde mir erlauben, das zu werden, was mein Vater war, während gleichzeitig mein Wunsch mit Kindern zu arbeiten – vielleicht mein besonders weiblicher Zug – befriedigt wurde. Damals war der Wunsch Kinderärztin, und damit praktizierender Art wie mein Vater zu sein, genauso stark, wie der Wunsch Psychoanalytikerin zu werden wie Ferenczi, jene warme Vaterfigur, die ich im Hause Kovacs kennengelernt hatte.

Ein familiärer Grund schloß die Gründe für meine Abreise aus Budapest noch ab. Meine jüngere Schwester, die Cembalo spielte, wollte ihr Musikstudium bei einem bestimmten Lehrer am Odeon Konservatorium in München weiterführen. Da sie weder alt noch verantwortlich genug war, allein zu leben, wollten meine Eltern ihr die Fortführung ihrer Ausbildung nur unter meiner Obhut gestatten. Ich entschloß mich also, zum Herbstsemester 1919 an die Universität München zu wechseln.

Mein Leben in München entsprach meiner Jugend, es war sehr wirr und sehr intensiv. Im akademischen Leben war ich bald der Star, sowohl die Kommilitonen wie auch die Professoren mochten und achteten mich. Und doch steckte hinter dieser Person einer erfolgreichen Medizinstudentin ein akutes Unsicherheitsgefühl. Diese Unsicherheit wurde durch das Erbe meiner Kindheit, die Verwirrung über mein Frausein verstärkt und kam zum Vorschein, als ich zu meinem Erstaunen zum Objekt der Anziehung einer Reihe akzeptabler junger Männer wurde. Ich war doch immer noch ein Mädchen aus der Provinz von Sopron, die es mangels Selbstvertrauen schwer fand zu glauben, daß sie ein anziehendes Sexualobjekt für einen passablen vernünftigen Mann sein könnte.

Mahler während ihrer Budapester Gymnasialzeit von 1917–1918 ist hier als sechste von links auf einem Klassenausflug zu sehen. *(Aus Margaret S. Mahlers Nachlaß)*

Als Medizinstudentin erhielt Mahler den Großteil ihrer klinischen Ausbildung an der Universität von Jena. Hier (untere Reihe, sechste von links) ist sie inmitten ihrer Freunde bei der traditionellen Sonnwendfeier zu sehen; ca. 1920. *(Aus Margaret S. Mahlers Nachlaß)*

Ungarisches Paßbild der 19jährigen Mahler von 1916 (Margaret S. Mahler Papers, Manuscripts and Archives, Yale University Library)

Mein persönlicher Konflikt drehte sich damals aber weiterhin um J., der so hartnäckig in seiner Verehrung war. Ich entwertete ihn grundlos und tat – obwohl ich mich zu ihm hingezogen fühlte – alles um seine Avancen zu entmutigen. Unsere Beziehung ging hin und her und war wirklich nicht glücklich. Sie dauerte, bis der junge Mann sich für den kargen Armeedienst entschied. Ich war erleichtert, aber mein Ärger über die Beziehung trug zum psychologischen Gepäck bei, das ich nach München mitnahm. Zudem war ich noch immer beherrscht von der Ablehnung meines Vaters gegenüber allen nur erdenklichen Neigungen, die irgendwie mit dem anderen Geschlecht zu tun hatten. Anders als die übrigen europäischen jüdischen Familien der oberen Mittelschicht hatten meine Eltern nie irgendwelche Initiativen unternommen, um mich mit passenden jungen Männern der Stadt bekannt zu machen – denn dies war für junge Mädchen die einzig akzeptierte Möglichkeit zur Kontaktaufnahme, die schließlich zu Verlobung und Ehe führen würde. Das Ergebnis war, daß ich nie ein gutes Selbstgefühl für mich als attraktive Frau entwickeln konnte. Im Gegenteil, ich hatte unbewußt den merkwürdigen Widerstand meiner Eltern und im besonderen meines Vaters gegen meine Erfüllung als Frau verinnerlicht. Und so habe ich meines Vaters Abwertung meiner weiblichen Bestrebungen erfüllt: als ob ich ein Neutrum wäre. Aber wie sollte ich die »Rolle« eines Neutrums erfüllen, wenn ich doch von jungen Männern umgeben war, zu denen ich mich hingezogen fühlte? Genau dies war der Kern meiner Probleme in München.

Diese Probleme bestanden, wie ich bemerkt habe, gleichzeitig mit meinen Erfolgen im Studium. Selbst als junge ausländische Studentin wurde ich zur Co-Assistentin bei Professor Pfaundler ernannt, jenem herausragenden Vorstand der Universitätskinderklinik und engagierte mich sehr in der angeschlossenen Pfaundlerklinik. Auch bei Dr. Rudolf von Degkwitz wurde ich zur Co-Assistentin ernannt. Diesem berühmten Kinderarzt assistierte ich bei den Experimenten, bei denen ein Serum gegen Masern entwickelt werden sollte. Die Methode war erst kürzlich von dem italienischen Kinderarzt Caronia entdeckt worden. Masern, die in der Jugend oder im frühen Erwachsenenalter auftraten, galten damals als sehr gefährlich. Caronia glaubte, daß ein den Masern ausgesetztes Kind nur dann eine leichte Form der Erkrankung oder gar keine zeige, wenn man ihm intravenös das Blut eines Erwachsenen injizierte. Von Degwitz und ich haben Caronias Hypothese überprüft, indem wir Kindern, die mit Masern in Berührung gekommen waren, ein paar Kubikzentimeter relativ passenden Bluts eines Erwachsenen injizierten. Ich wurde mit dieser Methode so vertraut, daß ich noch später, nach Abschluß der medizinischen Studien, von Kollegen immer wieder einmal gebeten wurde, ihre Kinder gegen Masern zu immunisieren. Und wenn die Kinder bereits an Masern erkrankt waren, was damals eine sehr schwere Kinderkrankheit war, dann wurde ich gebeten, die Schwere der Krankheit mit dieser Methode zu lindern.

Viel wichtiger als der fragwürdige medizinische Erfolg dieser Prozedur war der persönliche Eindruck meiner Arbeit mit von Degkwitz: ich war von dieser experimentellen Forschung so begeistert, daß ich glaubte, meine Zukunft läge in dieser Richtung. Als Studentin und später als Hilfsärztin war ich stets geneigt Untersuchungen durchzuführen, die meine eng begrenzte Assistentinnenrolle überschritten. Das brachte mir einige Gegnerschaften ein. Jahre nach der Arbeit mit von Degkwitz beispielsweise, als ich in Wien in der Ausbildung zur Kinderärztin steckte, sollte ich umfangreiche Experimente über die Blutsenkungsgeschwindigkeit durchführen, deren Methodik von einem schwedischen Forscher – oder einem seiner engeren Mitarbeiter[1] – entwickelt und beschrieben worden war. Meine akademischen Vorgesetzten versuchten meine Teilnahme an dieser Forschung zu verhindern und zwar einfach deshalb, weil ich damals den niedrigen Status einer studentischen Famula hatte. Unverzagt machte ich jedoch weiter, experimentierte mit den Sedimentationsraten bei den Kindern zu Hause und holte mir zur Unterstützung Krankenschwestern aus der Universität, die sich bereit erklärt hatten, mir zu helfen. Ich stieß jedoch bei allem was ich machte auf Widerstände und die Ergebnisse meiner Forschung wurden nie veröffentlicht.

Aber kehren wir nach München zurück: Mein akademischer Erfolg und meine aufkeimenden Forschungsinteressen verschonten mich nicht vor der antisemitischen Welle, die bald ganz Deutschland wie auch das akademische Establishment erfaßte. Der Kapp-Putsch von 1920, Vorspiel zum Niedergang der Weimarer Republik, traf mitten in mein Medizinstudium in München. Damals verstand ich den Hintergrund des Putsches nicht, interessierte mich auch nicht genügend für die aktuelle Politik, um die Folgen zu ermessen. Klar war jedoch, daß nach dem Putsch die Feindseligkeit gegen Juden offenkundig gezeigt wurde. Die örtlichen Behörden hatten noch keine legalen Mittel, die bayerischen Juden loszuwerden und so richteten sie ihre Rache auf Juden, die aus anderen Ländern, und da besonders aus dem Osten, gekommen waren.

Meine ungarischen Kommilitonen und ich waren die geeigneten Objekte für Mißbrauch. Wir hatten es gewagt an einer bayerischen Universität angenommen zu werden, wir behandelten deutsche Patienten und wir maßten uns sogar an, in München zu leben. Auch meine Musik studierende Schwester Suzanne blieb von dieser öffentlichen Feindseligkeit nicht verschont. Die Stadtverwaltung tat alles, um uns das Leben zu erschweren. Sie erließ eine Anordnung, wonach Fremde nicht in München selbst leben durften. Wir wurden also gezwungen im Vorort Solln bei München zu wohnen. Nicht genug mit dieser Sanktion, wurde uns auch das Leben in den Vorstädten schwer gemacht. Eines Tages, als meine Schwester und ich in der Pension, in der wir wohnten, gerade unser Essen einnahmen, wurden wir plötzlich ohne Angabe von Gründen von der Polizei abgeholt und ins Gefängnis geworfen. Ein Rechtsanwalt und Freund der Familie ermöglichte unsere Freilassung einige Stunden später, aber wir erhielten keine Erklärung (geschweige denn eine Entschuldigung) für das Vorgefallene. Anscheinend war der einzige Zweck unserer Verhaftung, uns Angst einzujagen, damit wir dann vielleicht auch den Vorort von München verließen. Die örtlichen Behörden waren alles andere als feinfühlig um uns zu zeigen, daß wir nicht willkommen waren.

Je mehr Demütigungen ich hinnehmen mußte, um so mehr fühlte ich mich als Opfer, nicht nur der Autoritäten, die sich meiner Gegenwart widersetzten, sondern auch meiner jüngeren Schwester, die – sich der Gefahr nicht bewußt – darauf bestand, daß wir in München blieben. In der ihr eigenen manipulativen Art gelang es Suzanne mich durch ihre Bedürfnisse zu beherrschen, denn sie wußte genau, daß unsere Eltern ihr nicht erlauben würden in München zu bleiben, wenn ich abreisen würde. Trotz unserer zunehmend mißlicher werdenden Lage setzte sie ihre Cembalostudien in München fort, obwohl während des Putsches auch rund um das Odeons-Konservatorium geschossen wurde.
Auch die wirtschaftliche Situation machte das Leben in München nicht erträglicher. Die Inflationsrate war vollkommen unglaublich. Wollte man ein Paar Schuhe kaufen, so mußte man in einer so langen Schlange stehen, daß man in dem Moment, wo man den Laden erreichte, die Schuhe nicht mehr kaufen konnte. Die ganze Situation, verstärkt durch Schwierigkeiten mit J., der den Kontakt trotz seines Armeedienstes gehalten hatte, brachte mich schließlich dazu, den kontrollierenden Einfluß meiner Schwester zu überwinden. Ich wußte genau, wo ich hin wollte und was ich machen wollte: ich wollte an die Universität von Jena, um dort bei Professor Ibrahim Kinderheilkunde zu studieren. Ibrahim hatte ein wichtiges Kapitel über Neurologie in Emil Feers »Lehrbuch der Kinderheilkunde« verfaßt, das als größtes Werk auf diesem Gebiet galt.[2] Meine Schwester mußte also wohl oder übel nach Wien zurückkehren, während meine Kommilitonen aus Budapest woanders hingingen.
Jena hatte zur Zeit meiner Ankunft im Frühling 1920 viele Vorteile. Die Stadt stand damals an vorderster Front in der Gewerkschaftbewegung Deutschlands, die Glasfabriken und die Firma Schott wurden in der ganzen Nation wegen ihrer avantgardistischen Förderung der Erwachsenenbildung, insbesondere für Fabrikarbeiter, beachtet. Gemeinsam mit der Universität boten diese Fabriken ein reiches kulturelles Leben in Abendschulen an (was die bedeutendsten Redner der damaligen Zeit anzog). Es fanden wunderschöne Konzerte statt und regelmäßige Festlich-

keiten. Jenas Nähe zu Weimar, das wiederum sein eigenes hervorragendes kulturelles und intellektuelles Leben hatte, war Teil seiner Anziehungskraft. Der akademische Erfolg meiner zwei Studienjahre in München folgte mir nach Jena. Ibrahim nahm mich sofort als Famula in seine Privatklinik auf, wo er würgende und pylorospastische Kinder behandelte – keine leichte Aufgabe für eine Medizinstudentin, galt Ibrahim doch als der führende Kinderneurologe Deutschlands. Aber ich war immer der Liebling meiner Professoren gewesen und durch die Anstellung bei Ibrahim lernte ich eine Menge über zwei erstaunliche Kinderkrankheiten.

Anfang der zwanziger Jahre waren die Behandlungsmethoden für diese beiden Krankheiten noch im Versuchsstadium. Wiederkäuende Kinder holen sich das Essen, das bereits im Magen war, immer wieder in den Mund, käuen es wieder und schlucken es dann ein zweites Mal. Diese gastrointestinale Pein weist im allgemeinen auf eine versteckte emotionale Störung hin. Als ich mit Ibrahim arbeitete, bestand eine Behandlungsmethode darin, die Maxilla (das heißt den Oberkieferknochen) zu befestigen, so daß das Kind sein Essen weder wiederkäuen noch sich daran erfreuen konnte – es konnte das Essen also nur noch in den Mund holen. Für Kinder mit Pylorusspasmen (Verkrampfungen des Magenausgangs zum Zwölffingerdarm hin) gab es verschiedene Behandlungsweisen. Entweder wurden korrigierende Operationen vorgenommen oder die Kinder bekamen schwereres Essen, was nach Ibrahims Ansicht besser im Magen bleiben würde.

Obwohl unmittelbar körperlich, erlangen diese Störungen doch tatsächliche Bedeutung, weil es sich um dramatische psychosomatische Krankheiten der frühen Kindheit handelt. Die emotionalen Faktoren, die zu diesen Zuständen führen, waren so überwältigend klar, daß selbst sonst ausschließlich somatisch orientierte Ärzte ihre Bedeutung nicht leugnen konnten. Ibrahim selbst, der zwar keinen Kontakt zur Psychoanalyse hatte, war wohl ganz besonders an diesen Faktoren interessiert, sonst hätte er kaum eine Privatklinik für Patienten mit diesen Störungen unterhalten. Die emotionale Dimension dieser beiden psychosomatischen Störungen beeindruckte mich so sehr, daß die medizinische Seite der Behandlung bald an Bedeutung verlor.

Während ich mich an die Begegnung mit diesen gestörten Kindern erinnere, fällt mir eine Episode in Ibrahims Klinik ein, die mir mehr als irgendeine andere medizinische oder chirurgische Geschichte über Jahrzehnte untilgbar im Gedächtnis blieb. Dabei ging es um einen verkümmerten kleinen Jungen von drei oder vier Jahren, der eines Tages von seinem Vater, einem Holzfäller vom Lande, in die Klinik gebracht wurde. Dem Kind schien nichts zu fehlen, außer daß es eben sehr wenig wog und sich nicht entwickelte. Der Junge war das einzige Kind des Holzfällers und die beiden waren noch nie getrennt gewesen. Ich weiß nicht wie der Vater überredet wurde, das Kind in der Klinik zu lassen; er hatte eine Beziehung zu seinem Sohn, die ich später als »symbiotische« Beziehung bezeichnen würde.

Ibrahim, verständlicherweise an diesem erstaunlichen Problem interessiert, nahm das Kind in die Klinik auf. Der Junge starb in derselben Nacht. Der Vater kam am nächsten Morgen und wollte seinen Sohn wieder mit in den Wald nehmen. Er erzählte uns einen Traum, den er in der Nacht gehabt hatte. Er hatte einen Baum im Wald gefällt und der Baum war sein Sohn. Er folgte diesem Traum und wollte seinen Sohn wieder mitnehmen – doch fand er das Kind tot in der Klinik. Ich war betroffen und überwältigt von dieser ergreifenden Abfolge von Ereignissen. Medizinisch konnte ich nicht erklären, was passiert war, aber ich hatte das Gefühl, daß etwas Seltsames und Geheimnisvolles doch zugleich im existentiellen Sinne Verständliches stattgefunden hatte. Der Vater und sein kleiner Junge hatten offensichtlich ein sehr, sehr enges Verhältnis. Ich weiß nicht, ob die Mutter lebte, aber klar war, daß der Vater für den kleinen Jungen zum Zeitpunkt seines Todes sowohl Vater als Mutter darstellte. Was ich da ganz ursprünglich erfahren habe, war, daß ein verkümmertes, zurückgebliebenes Kind – frei von irgendwelchen erkennbaren medizinischen Problemen – ohne das symbiotische Band zu seinem Vater nicht überleben konnte. Ich erinnere nicht wie Ibrahim und seine Mitarbeitenden den Tod des Kindes erklärt haben. Aber ich

erinnere mich, daß wir alle ein ehrfürchtiges Gefühl hatten, und unausgesprochen überzeugt waren, daß uns die Medizin zu dem Vorfall keine passende Erklärung geben konnte.
Es gab aber auch glücklichere Zeiten in Ibrahims Klinik, um dieses tragische Ereignis auszugleichen. Ich lernte bei ihm, wie wichtig Spielen für Kinder ist und wie heilsam Liebe sein kann. Ibrahim war für sein Alter und für die damalige Zeit ein unorthodoxer Kinderarzt, der gern mit seinen jungen Patienten spielte, um sie zu verstehen und um von ihnen zu lernen. Ich erinnere mich, daß er an Wochenenden die Tür zum Kinderzimmer seiner Privatstation verschloß und sich auf Knie und Hände niederließ, um mit den Kindern Pferd zu spielen – eine wohl unwürdige Position für den Vorsitzenden der Abteilung – die aber doch seine große Zuneigung zu seinen kleinen Patienten zeigte. Ibrahim war ein seltsamer Mann. Wie die meisten anderen prominenten Kinderärzte, bei denen ich lernte (Schick, Wagner, Noble, von Pirquet) ging er voll in der Beziehung zu Kindern auf, hatte jedoch selbst keine Familie. Eine grobe Schätzung ergibt, daß sieben von den neun Kinderärzten, mit denen ich als Studentin und Assistenzärztin Kontakt hatte, entweder unverheiratet waren oder sehr spät heirateten.
Unglücklicherweise wurden meine berufliche Förderung unter Ibrahim wie auch meine Erfolge im Medizinstudium von ähnlichen persönlichen Problemen wie in München gestört. Der Antisemitismus, der mich ja aus München vertrieben hatte, war nun in ganz Deutschland verbreitet. Obwohl die Arbeiterschaft in Jena zu den gebildetesten und politisch progressivsten in ganz Deutschland zählte, war die akademische Welt Jenas äußerst reaktionär. Und wenn auch die Professoren im allgemeinen recht liberal waren, so war die Studentenschaft, unterstützt von einigen reaktionären Lehrern, eine Brutstätte pronazistischer Gesinnung, auch wenn Weimar, als symbolischer Ort der deutschen Demokratie, nur ein paar Meilen entfernt lag.
Als ungarische Jüdin war ich gegen den Widerstand der Studentenschaftsorganisation, der Jenaer Sektion des über ganz Deutschland verbreiteten *Allgemeinen Deutschen Studentenausschusses* zum Medizinstudium zugelassen worden. Diese örtliche Sektion

der nationalen Studentenorganisation versuchte durch eine eigens einberufene Versammlung in meinem ersten Jahr in Jena meine Zulassung rückgängig zu machen. Vom Hof der Universität aus hörte ich wie der Präsident der Sektion mich – ohne direkt meinen Namen zu nennen – verächtlich machte; in seiner Rede machte er die »osteuropäische Jüdin« herunter, die Zugang zu ihrer arischen Institution gefunden hatte. Ich weiß noch, wie ich mit zwei guten Freunden nach Hause ging, die mich fragten, auf wen der Sprecher sich bezogen habe. Ich mußte ihnen sagen, daß er mich gemeint hatte.

Tatsächlich bestand die Gefahr, daß ich trotz meiner akademischen und klinischen Erfolge der Universität verwiesen würde. Ich entschloß mich, etwas zu unternehmen und fuhr nach Weimar, wo ich einige einflußreiche Freunde, darunter den aus Ungarn stammenden Professor der Anatomie Peterfy hatte. Nachdem Peterfy mir zugehört hatte, wollte er bei den offiziellen Stellen der Universität gegen meine schlechte Behandlung protestieren. Diese Geste allein reichte mir noch nicht und so fuhr ich auch nach Karlsruhe um mit dem Arzt Edwin Blos (dem Vater des hervorragenden amerikanischen Analytikers Peter Blos) zu sprechen. Man hatte mir gesagt, daß er großen Einfluß auf die Jenaer Studentenorganisation hätte.[3] So war es denn auch: Blos Einspruch bei dem Allgemeinen Studentenausschuß in Jena hatte Erfolg. Ich studierte in Jena zu Ende und legte dort die Abschlußprüfungen ab.

Vorher verbrachte ich jedoch im Frühjahr 1921 mein letztes Studiensemester an der Universität Heidelberg. Während die politische Situation in Deutschland immer schlimmer wurde – das galt besonders für Juden – schien Heidelberg eine Oase zu sein, einerseits eine Stadt voller Spaß, andererseits mit ausgezeichneten medizinischen Möglichkeiten. Ich habe meine Studien in Heidelberg zu Ende gebracht, um der feindseligen Atmosphäre in Jena zu entgehen – aber auch um wieder von J. wegzugehen, der mir zunächst von Budapest nach München gefolgt war, mir dann von München nach Jena folgte, wo er mir weiterhin das Leben schwer machte. Er versuchte mich zur Fortsetzung unserer Beziehung zu zwingen und hat mich in diesem Zusammenhang dauernd bedrängt, mich nicht mit anderen Männern zu treffen. Wir hatten eine häßliche Auseinandersetzung nach der anderen.

Erst in Heidelberg gelang es mir, diesen unterwürfigen und mittlerweile auch ungewollten Verehrer abzuschütteln. J. hatte meinem Vater noch vor meinem Umzug nach Heidelberg geschrieben, daß er nun, da ich ihn (J.) verlassen habe, ein Auge auf mich haben müßte, denn nun ginge es mit mir bergab. Es war klar, daß der junge Mann nicht wußte, wem er schrieb. In seiner charakteristischen Art drückte mein Vater sein vollkommenes Vertrauen in mich aus und riet J. seine unglückliche und unerwünschte Verfolgung aufzugeben. Natürlich hatte mein Vater auch andere Motive: er war glücklich, daß seine Tochter nicht diesen »Sohn eines Schneiders aus Szeged« heiraten würde. J. habe ich in Jena zum letztenmal gesehen.

Heidelberg bot sich als willkommener Ruhepol nach den akademischen und persönlichen Aufregungen Jenas an. Da mein dortiges Studiensemester an der medizinischen Fakultät der Universität von Jena anerkannt wurde, bedeutete es auch keine Verzögerung für meinen Abschluß. Obgleich das medizinische Curriculum in Heidelberg sehr anregend war, hatte ich in diesem letzten Semester nicht so viel mit meinem Studium zu tun wie in Jena. Ich erinnere mich an einen kurzen Kontakt mit dem bedeutenden Kinderarzt Moro (nach dem der »Moro-Reflex« benannt ist).

Mein intellektuelles Leben in Heidelberg blühte hauptsächlich außerhalb der Universität. Ich freundete mich mit einer faszinierenden Gruppe von Leuten rund um den Philosophen Karl Jaspers an. Unter diesen neuen Freunden fanden sich der Dichter Friedrich Gundolf, die Soziologen Emil Lederer und Nicholas Halasi, und als allerwichtigste Karl Mannheim und seine Frau Julia. Auch der Soziologe Max Weber gehörte zu diesem Kreis, doch hatte ich keinen direkten Kontakt mit ihm. Nachdem meine ungarische Landsmännin Julia Mannheim mich diesen berühmten Akademikern vorgestellt hatte, waren sie in mich als ihr »nettes, kleines Mädchen« ganz vernarrt. Ich glaube nicht, daß ich ihren klugen

Diskussionen viel beisteuern konnte, doch war es natürlich sehr schmeichelhaft im Hause Lederer und Mannheim eingeladen und mit einem solch erlesenen Kreis von Denkern befreundet zu sein. Diese Erfahrung erinnerte mich natürlich sehr an meine glückliche Zeit im Hause Kovacs in Budapest; besonders das Haus der Lederers war für mich ein anderes Nap Hegy.

Ganz besonders beeindruckt war ich von Karl Jaspers. Seinen Vorträgen und den lebhaften Debatten danach folgte ich hingerissen. Ich las alles, was irgendwie mit den Gruppendiskussionen zu tun hatte, auch Jaspers Werk über die Psychopathologie. Psychoanalyse gab es damals in Heidelberg noch nicht, wenngleich die Mannheims sich später der Analyse annäherten. Karl wurde von Ernst Kris als Wissenschaftler hoch geschätzt; nach dem Holocaust unterzog sich Julia einer psychoanalytischen Ausbildung bei niemand geringerem als Anna Freud. Schließlich wurde sie selber Analytikerin.

Diese glücklichen Tage in Heidelberg waren nur von schweren Krankheiten überschattet. Mit 14 oder 15 hatte ich bereits Bauchschmerzen mit Symptomen, die auf eine »Abschnürung« der Därme schließen ließen. Mittlerweile glaube ich, daß meine Symptome psychologische Bedeutung hatten und daß ich unter psychosomatischen Darmbeschwerden litt. Damals jedoch wurde mir der Blinddarm herausgenommen. Die Operation war anscheinend nicht sehr erfolgreich, denn danach hatte ich immer wieder heftige Anfälle von Bauchschmerzen. Diese Attacken konnten meist mit krampflösenden Mitteln gelindert werden. In Heidelberg wurden sie jedoch so stark, daß ich sehr krank wurde. Ich erinnere mich an sehr heftige Schmerzanfälle im Jaspers-Kreis, wobei die kopflastigen Intellektuellen sich von ihren klugen Gesprächen ab- und mir zuwandten und alles taten mir zu helfen. Ganz klar erinnere ich wie Karl Mannheim einfach neben mir saß und mich mit großem Wohlwollen betrachtete. Die bei Jaspers versammelten Akademiker hatten tatsächlich Angst, ich könne sterben. An diesem kritischen Zeitpunkt habe ich den führenden Chirurgen Heidelbergs, Enderlen, konsultiert. Nach Beratung mit meinem Internisten diagnostizierte er ernste Entleerungshindernisse, die auf eine Art Hirschsprungsche Krankheit (einer angeborenen Erkrankung des Enddarms, der sich verkrampft und dadurch die Passage des Stuhlgangs unmöglich macht) hinwiesen. Von den starken Schmerzen erschöpft und mit dem Wunsch wieder gesund zu werden gab ich der Empfehlung des Chirurgen nach, die in einer damals drastischen Operation bestand: der Entfernung eines Teils des Dickdarms, das heißt eine partielle Colektomie.

Bevor also diese gefährliche Prozedur – Antibiotika gab es damals noch nicht – an einer in dieser Zeit noch als minderjährig betrachteten Person ausgeführt wurde, mußte der Chirurg die Einwilligung meines Vaters einholen. Nachdem er über meinen Zustand und den vorgeschlagenen Eingriff unterrichtet worden war, weigerte sich mein Vater seine Zustimmung zur Operation zu geben und entschloß sich, sofort nach Heidelberg zu reisen. Es gelang ihm aber dann immer wieder, seine Reise zu verschieben, bis schließlich der Chirurg – Erlaubnis hin oder her – vor seiner Ankunft operieren mußte. Ich sage, daß es meinem Vater »gelang«, die Reise zu verschieben, weil ich glaube, daß er zu spät kommen wollte. Er konnte sich einfach in Anbetracht all der damit verbundenen Risiken nicht vorstellen, daß mir ein Teil des Darmes entfernt würde. Glücklicherweise fand dann der Chirurg trotz der dramatischen Begleitumstände außer einigen schweren Verklebungen nichts und diese konnten ohne den Darm zu zerstören gelöst werden. Damit hatten meine Probleme ein Ende.

Nachdem ich im Sommer 1921 mein Semester in Heidelberg beendet hatte, ging ich wieder nach Jena zurück um meine schriftlichen und mündlichen Abschlußprüfungen abzulegen. Ich schnitt bestens ab, gehörte ich doch zu den beiden einzigen Studenten, die Anfang 1922 ihre Prüfung mit magna cum laude bestanden. Gleichwohl – und vielleicht war es vorhersehbar – überschatteten einige nervenaufreibende Erlebnisse diesen glücklichen Ausgang meiner medizinischen Ausbildung. Der Antisemitismus, der mich von Universität zu Universität verfolgt hatte, holte mich am Vorabend meiner Abschlußprüfung wieder ein. Der antisemitisch eingestellte Fakultätsvertreter Professor Abel hatte erfahren, daß ich gleichzeitig mit meiner medizinischen Ausbildung auch einen Kurs in Labortechnik absolviert hatte – aus Angst ich könne meine medizinischen Ambitionen nicht verwirklichen und hätte sonst keinerlei Rückhalt. Er protestierte gegen meine Prüfungszulassung, denn ich könne ja wohl nicht genügend Zeit für meine Medizinstudien aufgewandt haben, wenn ich gleichzeitig einen Kurs in Labortechnik belegte. Sein Einwand wurde natürlich durch meine Unterlagen – akademische wie klinische – widerlegt und sowohl Ibrahim wie andere, die mich unterstützten, wiesen vehement darauf hin. Meine Unterlagen wie auch die Hinweise aus der Fakultät verfehlten ihre Wirkung nicht und so konnte ich mit meinen Abschlußexamina fortfahren.

Mehrere widrige Vorfälle erschwerten diesen nervtötenden Ritus der Abschlußprüfung. Die mündliche Prüfung in Augenheilkunde beispielsweise war für morgens angesetzt. In der Nacht zuvor waren jedoch alle Examenskandidaten für den Nachtdienst in der Klinik bis drei Uhr früh eingeteilt gewesen. Wir gingen also am Prüfungstag zu unserem Professor und beschwerten uns, daß wir unmöglich in der Verfassung wären, die Prüfung abzulegen. Ich weiß noch, daß ich sehr verwirrt, müde und recht deutlich in meiner Erbitterung war. Nach wenigen Minuten gab der Professor nach und sagte: »Meine Damen und Herren, ich glaube Sie sollten morgen wiederkommen. Wollen Sie wissen wann? Wenn die kleine Schönberger ausgeschlafen hat.« So gingen wir also erst am nächsten Tag in die Prüfung.

In der Prüfung für die Kinderheilkunde ging es mir nicht anders. Da ich so etwas wie eine Primadonna war, von der Professoren wie Kommilitonen erwarteten, daß sie hervorragend abschnitt, bekam ich doch im letzten Moment Angst, daß ich ihre (und meine) Erwartungen nicht erfüllen könnte. Ich versäumte es, mich zur Prüfung zu melden. Diese lässige Art hätte meinen Abschluß um mehrere Monate verzögern können. Zum Glück geschah das nicht. Professor Ibrahim kam mir zu Hilfe. Er schickte mir einen Brief in meine Wohnung, und versicherte mir, daß, egal wie ich abschnitte, es auf jeden Fall gut genug sei. Er drängte mich, doch einfach zu kommen und die Prüfungen hinter mich zu bringen. Aber ich fühlte mich noch nicht in der Lage, dem nachzukommen. Zehn Tage später leitete Ibrahim eine besondere Prüfung für mich. Ich bestand mit fliegenden Fahnen. Meine Dissertation – das abschließende Nachspiel – schrieb ich im Bereich der Hämatologie in der Kinderheilkunde: »Thrombocytopenische Purpura in der Kindheit«.

Meine akademischen Prüfungen waren mit dem Abschluß in Jena noch nicht zu Ende. Mein Diplom gab mir nicht das Recht zur Ausübung der Medizin in Deutschland. Ich brauchte noch die medizinische Approbation und da ich nicht deutsche Staatsbürgerin war, konnte ich mich auch nicht darum bewerben. Aus diesem Grund und auch wegen der wirtschaftlichen Schwierigkeiten aufgrund der fortwährenden Inflation verließ ich Deutschland. Ich wollte »heim« nach Wien, das nur eine Stunde von Sopron entfernt war. In Wien konnte ich meine Ausbildung in der Kinderheilkunde an der berühmten Klinik von Clemens von Pirquet fortsetzen und schließlich sogar mit der Lehranalyse beginnen, so daß ich wieder mit den Dingen in Berührung kam, die mich ursprünglich zur Medizin geführt hatten. Die medizinische Approbation würde in Wien kein Problem darstellen, denn inzwischen war ich österreichische Staatsbürgerin geworden.[4]

Nach meiner Ankunft in Wien Ende 1922 bereitete ich mich mehrere Monate lang auf die gerichtsmedizinische Prüfung vor, die in Deutschland ausgebildete Ärzte ablegen mußten, damit sie die österreichische Approbation erhielten.[5] Das wurde »Nostrifizierungsprüfung« genannt und diente der Anerkennung des außerhalb des Landes erworbenen medizinischen Diploms. Ich erinnere mich, daß ich mit Frau Bernfeld lernte, der zweiten Frau des Analytikers Siegfried Bernfeld, die sich auf die gleiche Prüfung vorbereitete.

1923 bestand ich die Prüfung, wurde mit einem neuen medizinischen Diplom ausgezeichnet und erhielt die Approbation zur Ausübung der Medizin in Österreich. Um meine Prüfung rankt sich eine interessante Geschichte. Damals – gegen Ende des Jahres 1923 – schrieben die österreichischen Zeitungen viele Zeilen über einen berühmten Kriminalfall, bei dem es um eine sehr gewiefte Kindsmörderin, Frau Vukobrankovich, ging. Mein Übernahmeexamen in Gerichtsmedizin legte ich zufällig bei Professor Albin Haberda ab, der zugleich der vom Gericht bestellte Anwalt für die Angeklagte, Frau Vukobrankovich, war. Nachdem ich mein Prüfungspapier abgegeben hatte, überflog Professor Haberda es schnell und wandte sich dann an die zwanzig oder noch mehr Kollegen, die noch eifrig arbeiteten, da sie im Gegensatz zu mir nicht nur die Prüfung in Gerichtsmedizin ablegen mußten, sondern ihre ganze medizinische Abschlußprüfung ablegten: »Sehen Sie, meine Herren,« sagte er, »Frau Dr. Schönberger und Frau Vukobrankovich haben mir viel klügere Antworten als Sie gegeben!« Als ich mich am nächsten Tag in der pädiatrischen Klinik des großen Wiener Kinderarztes von Pirquet vorstellte, wußten alle, wie ich – auch wenn es als Kompliment gemeint war – mit der Kindsmörderin Vukobrankovich verglichen worden war.

3 *Von der Kinderheilkunde zur Kinderpsychiatrie*

Meine ersten Monate in Wien verliefen unglücklich. Noch bevor ich Deutschland verließ, hatte ich alles in die Wege geleitet, um an der bedeutendsten Universitäts-Kinderklinik Österreichs, bei von Pirquet, lernen zu können.[1] Trotz dieser Vorbereitungen war mein Wechsel alles andere als leicht. Schon das Finden einer geeigneten Wohnung erwies sich als besondere Unternehmung. Ich weiß noch, wie mich der Kodirektor von Pirquet, Bélà Schick mit meiner hektischen Suche nach einem möblierten Zimmer in Wien aufzog – bei meinem begrenzten Budget keine leichte Aufgabe. Dabei hatte ich mir selbst dieses begrenzte Budget auferlegt. Ich hätte meinen Vater um Geld für eine angemessene Wohnung bitten können. Aber das vermochte ich nicht. Mein damals noch weitgehend unbearbeiteter »Vaterkomplex« hinderte mich daran. Deshalb tauchte ich im ersten Monat nur sehr unregelmäßig in der Klinik auf und klagte immer wieder über die Wanzen in meinem schrecklichen Zimmer.

Mit von Pirquet selber hatte ich rücksichtsvolle Kontakte. Als großer Antifeminist mochte er mich gleichwohl und bestimmte mich zu seiner Assistentin, die ihm bei seinen laufenden statistischen und epidemiologischen Studien helfen sollte. Er überließ mir dabei die schwere Arbeit im Ambulatorium, der ambulanten Kinderstation. Auf von Pirquets Geheiß ging ich beispielsweise in alle Kindergärten und Grundschulen Wiens und vermaß die Mandeln mehrerer tausend Wiener Schulkinder. Aus diesen Daten kamen von Pirquet und ich zur Erkenntnis, daß die Hypertrophie der Mandeln zwei Höhepunkte aufweist: die *hypertrophia tonsillarum infantilis* im frühen Lebensalter und die *hypertrophia tonsillarum puerilis* mit zehn oder elf Jahren.[2] Wegen dieser Forschungs- und Assistenzarbeit für von Pirquet – ich mußte immer dem Chef, wie er genannt wurde, berichten – lernte ich weniger klinische Kinderheilkunde als es sonst der Fall gewesen wäre. Von Pirquets Wertschätzung meiner Forschungstätigkeit trug kaum etwas zu einer Linderung seines Horrors vor Frauen in Führungspositionen bei. So hat er, als ich später um eine Beförderung von der Hilfsärztin zur Assistenz-Kinderärztin bat, geantwortet: »Nie werde ich eine Frau zur Assistentin haben. Sie sind sehr klug und ich mag Sie auch sehr, aber als Frau, noch dazu so wie Sie ausschauen, sollten Sie heiraten und Kinder kriegen.« Die Bemerkung, daß eine Frau, die »so ausschaut wie ich« lieber heiraten sollte, statt eine berufliche Karriere anzustreben, fiel bei mehr als einer Gelegenheit. Ich erinnere mich auch noch an von Pirquets Kommentar als ich zum ersten Mal meine Brille in der Klinik trug. Er schaute mich lange an und sagte dann: »Tun Sie mir einen Gefallen. Stecken Sie die Brille in Ihre Tasche.« Damit drückte er klar aus, daß er diesen Anblick nicht ertragen konnte. Trotz dieser Herabsetzung habe ich von Pirquet idealisiert und regredierte sogar bis zu dem Punkt mich beinah in ihn zu verlieben.

Von Pirquet hatte einen älteren Assistenten, zu dem ich eine merkwürdige Verbindung hatte, Edmund Nobel. Wir gaben 1924-25 gemeinsam drei Forschungsarbeiten heraus. Nobel war ein fähiger, aber phantasieloser Kinderarzt, weit weniger begabt als von Pirquets anderer Kollege, Bélà Schick. Aber in seiner Treue zu von Pirquet war er unübertroffen und verbrachte sehr viel Zeit damit, die Tätigkeiten seines »Chefs« zu überwachen. Er muß wohl geahnt haben, daß von Pirquet sich mit Suizidgedanken trug. Diese Ahnung bewahrheitete sich viele Jahre später als von Pirquet und seine Frau 1928 Selbstmord begingen. Nobel interessierte mich nicht als Mann, doch gelangte ich im Verlauf unserer Zusammenarbeit zu der Überzeugung, daß er mir wohl einen Antrag machen würde. Ich unterstützte seine Bestrebungen wahrscheinlich in der unbewußten Erwartung, daß ich dann ein vollwertiges Mitglied der Familie von Pirquets würde. In diesem praxis- und berufsbezogenen Zusammenhang unterhielt ich wohl meine »umgekehrten Pygmalion-Phantasien« gegenüber Nobel.

Von 1923 bis 1926 absolvierte Mahler ihre kinderärztliche Fachausbildung an der Klinik von Clemens von Pirquet in Wien. Hier sieht man sie mit einer kleinen Patientin. *(Aus Margaret S. Mahlers Nachlaß)*

Mahler erinnert sich, daß sie als eine der ersten Wiener Ärzte mit einem Auto auf Hausbesuche fuhr. *(Aus Margaret S. Mahlers Nachlaß)*

Während unserer häufigen platonischen Rendezvous in den Wiener Kaffehäusern träumte ich davon, wie ich diesen gefühllosen und schwierigen Mann in einen romantischen Verehrer verwandeln würde – in jemand, der mich nicht als erwachsene Frau, sondern als fähige und attraktive Schülerin lieben würde. Diese entsexualisierte, intellektuelle Phantasie lebte ich einige Jahre aus.

Trotz meiner Hochachtung vor von Pirquet und seinen Kollegen war ich insgeheim doch von ihrer beziehungslosen, sterilen Art mit schwer kranken Kindern umzugehen, abgestoßen. Ich erinnere mich besonders meines Abscheus vor dem damals populären »nem System«, das von Pirquet zur Ernährung von Kindern ersonnen und angewandt hatte. Nach diesem System wurde jedes Kind im Krankenhaus in ein sterilisiertes Gehäuse mit teilweiser Glasverkleidung gelegt. Um die sterile Umgebung zu wahren wurde das Kind mit einer Flasche gefüttert, deren Schnuller in das Gehäuse hineinragte. Die Nahrung bestand aus einer Portion Milch, die sorgfältig nach »nems« abgemessen wurde, das heißt: Nahrungseinheit, die dem Kaloriengehalt von einem Gramm Muttermilch entsprach.[3] Während dieses Fütterns gab es keinerlei physischen Kontakt mit dem Kind.

Meine persönlichen Empfindungen in bezug auf Kindspflege wurden viel besser von der Konkurrenz verwirklicht, nämlich Leopold Molls Reichsanstalt für Mutter und Säuglingsfürsorge, in der ich meine Sommer verbrachte.[4] Moll gehörte zur Avantgarde der pädiatrischen Forschung, die die lebenswichtige Rolle der mütterlichen Sorge in der Behandlung kranker Kinder würdigten. Sein Institut vertrat das damals als progressiv bis avantgardistisch geltende Credo, daß ein Kind nicht nur zur Mutter »gehörte«, sondern daß die Anwesenheit der Mutter (oder einer mütterlichen Person) notwendig für die Heilung eines kranken Kindes wäre. Im Moll-Institut wurden kranke Kinder und Säuglinge daher mit ihren Müttern zur Behandlung angenommen. Darüber hinaus gründete Moll unter der Schirmherrschaft des Instituts eine Schule für Kinderkrankenschwestern, damit seine Behandlungsphilosophie noch wirksamer zur Geltung käme. Zum

Schulunterricht gehörte, daß jede Lernschwester einem der kranken Säuglinge des Instituts zugewiesen wurde, so daß jedes Baby zusätzliche »mütterliche« Pflege durch seine »private« Schwester, die zugleich eine liebevolle Schwesternschülerin war, erhielt.

Viele Säuglinge kamen mit den damals weit verbreiteten Ernährungsstörungen ins Moll-Institut. Diese Störungen, damals unter dem Begriff »Pädatrophie« zusammengefaßt, zeichneten sich durch schwere »toxische« Durchfälle und Erbrechen aus. Diese Kinder, die mit Mangelerscheinungen, ausgetrocknet und häufig in marasmischen Zuständen eingeliefert wurden, starben bei von Pirquet zuhauf und nie kam es von Pirquet oder einem seiner Mitarbeiter in den Sinn, daß diese Kinder überleben könnten, wenn die Mutter zu ihrer Pflege da bliebe. Im Moll-Institut hingegen wurde jedes Kind doppelt mütterlich umsorgt: einmal von der Mutter und zum anderen von der hingebungsvollen Lernschwester. Ich hege besonders lebhafte Erinnerungen an die letzteren, die mit einem Mundschutz versehen, ihre kleinen Patienten Tag und Nacht herumtrugen und sie durch Liebe aus ihrer tiefen Niedergeschlagenheit zu bringen suchten. Wunderbarerweise sprachen diese Kinder, die genauso krank waren wie die bei von Pirquet, und die überall sonst gestorben wären, häufig auf diese hingebungsvolle Pflege an. Durch die liebevolle Zuwendung ihrer Lernschwestern kamen sie aus ihren komatösen, toxischen Zuständen heraus, der Durchfall hörte auf und sie genasen in den meisten Fällen langsam wieder.

Natürlich haben sich die Statistiken der damaligen Zeit nicht um das gekümmert, was jenseits des Somatischen lag, nämlich das, was Krankheit und Genesung ausmacht. Ich habe meine Erfahrungen im Moll-Institut von Pirquet und seinen Mitarbeitern berichtet, aber solche psychologischen Betrachtungen waren von ihren wirklichen Interessen weit entfernt. Außerdem nahmen sie die Äußerungen der Studierenden nicht besonders ernst. Ich habe mir immer wieder Vorwürfe gemacht, daß ich nicht genügend Mut aufbrachte, um meine Überzeugung durchzusetzen. Ich hätte ein wissenschaftliches Papier schreiben sollen, in dem ich meine

Beobachtungen im Moll- Institut systematisch meinen Erfahrungen bei von Pirquet gegenübergestellt hätte.
Was hätte ich in einer solchen Studie äußern können? Für von Pirquet war das Kind nur ein kranker Organismus, für den die optimale Therapie die Behandlung in einer antiseptischen Umgebung war. Für Moll dagegen war das Kind, gleich wie stark es organisch behindert war, ein ganzheitliches Menschenwesen und war dies einmal anerkannt, war eine Behandlung, die nur aus Ernährung und Medikamenten bestand, nicht nur unvollständig, sondern sogar gefährlich, wenn es an der menschlichen Zutat der liebevollen Sorge mangelte. Meine Erfahrungen in beiden Kliniken bekundeten deutlich die Überlegenheit des letzteren gegenüber dem ersten Ansatz. In vielerlei Hinsicht zeigt Margaret Ribbles revolutionäres, wenn auch beinah vergessenes Buch »The Rights of Infants: Early Psychological Needs and Their Satisfaction« (1943) das auf, was ich auch nach meinen Erfahrungen in von Pirquets Klinik und im Moll-Institut hätte sagen können. Überzeugend legt sie dar, daß die emotionale Ernährung des Kleinkindes genauso wichtig ist wie seine tatsächliche physische Ernährung. Erst nach meiner Emigration mit meinem Mann 1938 nach Amerika und der Erneuerung der Freundschaft mit Ribble, die bereits während unserer Studien am Wiener Psychoanalytischen Institut begonnen hatte, erkannte ich wie vollkommen recht sie mit diesem klassischen Werk hatte. Zusätzlich zu meiner Arbeit in der Klinik von Pirquet und im Moll-Institut unterhielt ich ja noch eine blühende kinderärztliche Praxis in meiner kleinen Wohnung in der Albertgasse. Ich eröffnete die Praxis ungefähr zweieinhalb Jahre nach meiner Ankunft in Wien. Sie war Ausdruck dafür, daß ich akzeptiert hatte, daß von Pirquet mich niemals zur Assistenzärztin befördern würde und daß ich mir mein Geld als praktizierende Kinderärztin verdienen mußte. Meine »Praxis« war zugleich mein Wohnzimmer (voll mit Möbeln, die meine Vermieterin nicht wegstellen wollte) mit einem kleinen Vorraum. Zu meiner Verwunderung brachten eine ganze Menge wohlhabender Wiener ihre Kinder in meine komische Wohnung. Auch wenn ich mich nur vage an die einzelnen

Fälle erinnern kann, so weiß ich doch, daß mich meine kranken Kinder ständig sorgten. Viele mußten ins Krankenhaus, wo ich sie dann auch besuchte. Als ich dann einige Jahre später auch analytische Fälle zusätzlich zu meiner kinderärztlichen Tätigkeit aufnahm, geschah dies in den gleichen Räumen. Ich war sehr erleichtert, als meine aufblühende kinderanalytische Tätigkeit mir erlaubte, die kinderärztliche Behandlung schwer kranker Kinder auslaufen zu lassen.

Mein Wechsel von der Pädiatrie zur Kinderpsychiatrie und Psychoanalyse begann kurz nach meiner Ankunft in Wien 1922 und lag somit vor meiner formellen Ausbildung als Kandidatin des Wiener Psychoanalytischen Instituts. Kurz nachdem ich in von Pirquets Klinik angefangen hatte, kam Willi Hoffer auf mich zu. Hoffer hatte gerade eine neue Zeitschrift der Heilpädagogik gegründet: »Zeitschrift für psychoanalytische Pädagogik« und lud mich ein, Beiträge zu verfassen. Durch Hoffer wurde ich auf die heilpädagogische Bewegung aufmerksam und ihrem bahnbrechenden Vertreter August Aichhorn vorgestellt. Aichhorn organisierte und leitete in den früher zwanziger Jahren für die Wiener Stadtverwaltung eine Reihe von Kinderberatungsstellen und wurde schließlich der Vorsitzende der Kinderberatungsstelle des Wiener Psychoanalytischen Instituts 1932.[5] Er hatte außerdem Verbindungen zum Budapester Kreis (Alice Szekely-Kovacs, Michael Balint, Geza Roheim, Sandor Ferenczi), dem ich früher angehörte. Daher war mir Aichhorn wohlgesonnen und hat mich nach der Vorstellung durch Hoffer sogleich in seine Runde aufgenommen. Da ich von der Stadt Wien auch als Jugend- und Wohlfahrtsärztin (das heißt Schulärztin) eingeteilt worden war, hatte ich sofort Zugang zu Aichhorns Netzwerk der Beratungsstellen. Er lud mich ein, ihn auf seinen Streifzügen durch die Beratungsstellen zu begleiten, wann immer es meine Zeit erlaubte.[6]

Aichhorn war ein seltsamer Mann, der ein sonderbares und bezauberndes Leben führte. Von beeindruckendem und schwer zu fassendem Charakter brüstete er sich mit seinen Kontakten zur Wiener Unterwelt und schien oft genug diese Kontakte zum Guten nutzen zu wollen. Ich erinnere mich an Gespräche mit ihm, in denen er halb ernst davon sprach, daß er Bandentreffen der Jugendlichen besuchte, in denen sie ihre illegalen Aktivitäten planten. Er sprach gewissermaßen die Sprache der Verwahrlosten und brachte es fertig, daß die Kinder sich so wohl fühlten, daß sie ihm ihre Geheimnisse mitteilten und keine Angst vor Verrat hatten. Auf der Grundlage dieser ungewöhnlichen »Feldarbeit« und durch die Pflege der verschiedenen Quellen, die ihm vertrauten, erlangte Aichhorn außergewöhnliche Einsichten in das innere Seelenleben der Delinquenten und zugleich ein außergewöhnliches Wissen um Kriminalität und Delinquenz im allgemeinen. Er war stolz darauf, daß er bestimmte Ereignisse in der Halbwelt vorhersagen konnte. Meistens waren dies kleinere Delikte, aber ich erinnere mich wie er einmal einen größeren Juwelenraub zwei Wochen vor dem Ereignis vorhersagte.

Da diese Betrachtungen für eine ausführliche Würdigung von Aichhorns therapeutischer Technik nicht der rechte Ort sind, sollte ich vielleicht kurz auf seine geschickte Nutzung der Psychoanalyse in der Arbeit mit Delinquenten eingehen. Einen Geschmack seines therapeutischen Stils erhält man durch sein Hauptwerk »Verwahrloste Jugend« (1925) aber das Lesen allein enthüllt noch nicht sein bemerkenswertes Verständnis für die Dynamik abweichenden Verhaltens sowie seine Behandlungstheorie.

Zunächst einmal muß ich sagen, daß die »Delinquenten« der damaligen Zeit, von denen ich spreche, keine Kriminellen im heutigen Sinne waren. Aichhorn verstand sie als die mißbrauchten oder unverstandenen Kinder, die sie waren. Seine Beratungstätigkeit mit diesen Kindern fiel in zwei Teile. Zunächst stellte er sich dem verwahrlosten Kind als Liebesobjekt und Ich-Ideal dar. Mit anderen Worten: er kultivierte und nutzte eine intensive positive Übertragung, um die Identifikation des verwahrlosten Jugendlichen mit ihm zu erleichtern. Wenn dann das Kind durch die positive Übertragung in der Beziehung von ihm abhängig wurde, nutzte Aichhorn diesen Einfluß, um dem Kind zu zeigen, daß es verwahrloste, weil es dies aufgrund von vergangenen Enttäuschungen, von Mißhandlungen oder Mißverständnissen so

Oben: August Aichhorn war Mahlers wichtigster Mentor. Er war Psychoanalytiker und der Leiter der österreichischen Kinderberatungsbewegung. Kurz nach ihrer Ankunft in Wien 1922 nahm er Mahler unter seine Fittiche und bot ihr freien Zugang zu seinem Netzwerk städtisch unterstützter Kinderberatungskliniken. 1927 wurde er Mahlers Lehranalytiker, nachdem Helene Deutsch Mahlers erste Lehranalyse aufgegeben hatte. *(Aus Margaret S. Mahlers Nachlaß)* Rechts: Mahler in der Mitte der 20er Jahre – ungefähr um die Zeit, als sie mit der psychoanalytischen Ausbildung begann. *(Aus Margaret S. Mahlers Nachlaß)*

»wollte«, aber auch, daß diese Lebensweise jetzt nicht mehr passe. Er beherrschte meisterhaft die Kunst, unbewußte Motive aus den Erzählungen des Kindes herauszuschälen, um dann das Kind mit den dahinterliegenden Gründen für seine Verwahrlosung zu konfrontieren. Seine Beratung endete aber nicht mit dieser simplen Unterstellung unbewußter Motive oder seiner durch die Übertragung ermöglichten Überredungskunst das Kind aus seiner Verwahrlosung zu lösen. Im zweiten Teil der Behandlung versuchte Aichhorn nach seinen eigenen Worten das Kind so »neurotisch wie möglich zu machen«, damit es analysierbar würde.
Während des ganzen Prozesses gab Aichhorn dem jungen Menschen das Gefühl, auf seiner Seite zu stehen, darin bestand seine besondere Begabung. Es gelang ihm, das Vertrauen des Kindes zu behalten – gleich welche Geständnisse er aus ihm herauslockte; und er lockte ohne Schwierigkeiten die Geständnisse hervor. Ich glaube Aichhorns größtes Erbe für mich bestand in dieser Gabe das vollkommene Vertrauen der jungen Patienten zu gewinnen, so daß die Kinder sich im therapeutischen Dialog wohlfühlten. Es ist beinah unmöglich, diese feinfühlige Fähigkeit mit Begriffen aus der therapeutischen Technik zu beschreiben; meinem Gefühl nach habe ich diese Fähigkeit von ihm über eine Art Osmose erlernt. Dieses Talent, eine besondere Beziehung herzustellen, eine vertrauenerweckende Empathie mit den jungen Patienten aufzubauen, half mir während meiner ganzen beruflichen Laufbahn. Es ermöglichte mir in den frühen vierziger Jahren gestörte Kinder im psychiatrischen Institut des Staates New York vor großen Zuhörerschaften zu interviewen. Manche Kollegen lehnten dies völlig ab. Sie verstanden nicht, daß durch diese besondere Beziehung das interviewte Kind nur auf mich achtete und die Gegenwart der Zuschauer gar nicht wahrnahm.
Ohne mich weiter darüber auszulassen, möchte ich nur bemerken, daß die Zeit in den verschiedenen Kinderberatungsstellen mit Aichhorn der Dreh- und Angelpunkt für meine Karriere war. Er hatte auf mich den stärksten Einfluß während meiner Ausbildungszeit und meine Ansicht über Kinder und ihre Probleme ist mehr durch ihn als durch andere geprägt.

Mein Kontakt mit Aichhorn vervollständigte meine Erfahrungen mit der Kinderpsychiatrie während ich noch in der von Pirquetschen Klinik arbeitete. Denn was ich dort darüber lernte war – um es klar auszudrücken – erstaunlich dürftig und für eine künftige Analytikerin eher verwerflich. Es gab innerhalb der Klinik eine heilpädagogische Abteilung, die von der Arbeit her heute zwischen einer Erziehungsberatungsstelle und einem kinderpsychiatrischen Dienst eingestuft würde. Der Vorstand dieser Abteilung, Professor Erwin Lazar, legte Kindern mit psychiatrischen Problemen gegenüber ein sehr fragwürdiges und möglicherweise traumatisierendes Verhalten an den Tag. In der Hauptsache wurden zu dieser Beratungsstelle Jungen geschickt, die entweder mit Lernschwierigkeiten oder mit allen möglichen anderen psychologischen Problemen zu kämpfen hatten, die man damals unter der Bezeichnung »Verhaltensstörungen« zusammenfaßte. Lazar bestand darauf, sofort die Genitalien dieser Kinder zu untersuchen. Und wenn er dann, was oft der Fall war, einen Jungen fand, dessen Hoden sich noch nicht gesenkt hatten, schickte er das Kind zum Chirurgen. Natürlich verließen diese Kinder vom Gefühl her die Klinik anders, als sie sie betreten hatten. Doch so war damals die Kinderpsychiatrie: die Genitalien wurden bei beinah allen Verhaltensstörungen und Auffälligkeiten mit einbezogen und die Wahl der Behandlung bestand in einer gemeinhin akzeptierten Operation. Ich war entsetzt über das, was ich in dieser Klinik beobachtete; es stand total im Gegensatz zu allem, was ich damals für richtig hielt und was ich nach meiner psychoanalytischen Ausbildung noch besser vertreten konnte.[7]

Da Lazars heilpädagogische Abteilung die damalige Kinderpsychiatrie repräsentierte, wurden Mitglieder des Wiener Psychoanalytischen Instituts zu Besuchen eingeladen und konnten auch des öfteren Fälle vorstellen. Im Gegenzug konnten Angehörige der Abteilung Anna Freuds Vorlesungen und bestimmte Treffen im Institut besuchen. Bei einer solchen Gelegenheit kam Helene Deutsch auf mich zu. Als sie mich bei einem Treffen sah, wurde sie an ihr Versprechen Ferenczi gegenüber erinnert, mit mir ein Vorgespräch zu führen und mich in Analyse zu nehmen. Mit Ferenczis Hilfe hatte ich mich beim Wiener Psychoanalytischen Institut gleich bei meiner Ankunft in Wien beworben und wurde darauf von Paul Federn und Grete Bibring interviewt. Nach unserer zufälligen Begegnung im Institut hat auch Frau Deutsch mich zum Interview gebeten. Sie gab mir darauf zu verstehen, daß sie mich auf ihre Warteliste für die Lehranalyse setzen würde. Erst vier Jahre nach meiner Ankunft in Wien 1926 teilte sie mir mit, daß wir mit der analytischen Arbeit beginnen könnten.

4 *Auf dem Weg zur Psychoanalytikerin in Wien*

Ich mußte nach Wien gehen, um Psychoanalytikerin zu werden. Obgleich ich in den vier Jahren nach meinem Umzug den größten Teil meiner Zeit und Energie auf die Kinderheilkunde verwandte, blieb die Analyse mit der Möglichkeit der analytischen Ausbildung mein Hauptthema. Mein Verlangen nach einem analytischen Beruf wurde, noch während ich Kinderärztin war, durch meinen Kontakt mit Aichhorn und Hoffer verstärkt. Meine Begeisterung für Freud und die Analyse wurde zudem während meiner regelmäßigen Besuche in Budapest zwischen 1922 und 1926 wiederbelebt. Ich sehnte mich immer nach den anregenden Gesprächen mit meinen Freunden Alice und Michael Balint und traf mich regelmäßig mit Ferenczi. Bei jedem unserer Treffen drückten meine Freunde ihre klare Erwartung aus, daß ich die Lehranalyse machen sollte, um selber Analytikerin zu werden. Schon vor 1926 hatte ich mich direkt an Paul Federn gewandt und meinen Wunsch nach einer Lehranalyse deutlich gemacht. Da Federn meiner Bitte nie nachkam war ich froh, daß Ferenczi mir den formalen Eintritt in die Wiener Psychoanalytische Welt ermöglichte.

Ferenczi hatte meinetwegen Helene Deutsch angesprochen. Als Frau Deutsch mich im Frühjahr 1926 darüber unterrichtete, daß meine Lehranalyse bei ihr im kommenden Herbst beginnen könne, war meine Aufregung mit jener Unsicherheit gemischt, die mich während meiner ganzen akademischen Laufbahn begleitet hatte. Ich war besonders nervös, weil ich die psychoanalytische Literatur bis dahin nur teilweise gelesen hatte und das Wiener Psychoanalytische Institut vertrat ja die Auffassung, daß die Kandidaten während ihrer Analyse dieser Literatur fernbleiben sollten. So entschloß ich mich im Sommer 1926 so viel psychoanalytische Literatur wie ich nur konnte zu verschlingen. Während meiner Ferien in Budapest habe ich eifrig gelesen und als Alternative dazu wunderbare Schiffsausflüge auf der Donau mit Alice und Michael Balint unternommen. Ich nutzte diese Ausflüge, um meine Freunde über alles auszufragen, was ich vor Beginn meiner Analyse wissen sollte. Sie amüsierten sich über mein eifriges Fragen und rieten mir, alles über die Analyse zu vergessen, um sie einfach geschehen zu lassen.

Wie sich dann herausstellte, war meine erste formelle Erfahrung mit der Wiener Analyse alles andere als zufriedenstellend. Frau Deutsch erschien mir bei unserem Vorgespräch wie eine Herrscherin – vielleicht nicht königlich, aber gleichwohl wie eine Herrscherin. Sie war eine beeindruckende Frau und mein erstes Gefühl war Bewunderung und Ehrfurcht. Um ihre wunderbaren Augen habe ich mir so mancherlei Vorstellungen gemacht. Ich wußte, daß sie aus Polen kam und habe sie wie eine Jugendliche mit der Madonna von Tschenstochau verglichen – jener wunderschönen polnischen Marienfigur. Tatsächlich waren meine Erwartungen ihr gegenüber eher kindlicher Natur. Ich war immer wie ein besonders begabtes und altkluges oder frühreifes Kind behandelt worden: von meinem Vater, von Vilma Kovacs, von den Mannheims und in gewisser Weise auch von Ferenczi. Kurzum, ich kam überzeugt von meiner Besonderheit nach Wien und phantasierte während des Erstgesprächs, daß ich auch wieder die Beziehung des »Lieblingskindes« zu meiner Analytikerin Frau Deutsch haben würde.

Darin sollte ich schwer enttäuscht werden. Nicht nur, daß ich diesen Status des Lieblingskindes nicht erhielt. Frau Deutsch schien auch entschlossen, mich als zweitklassig innerhalb der Analyse zu behandeln. In der ersten Analysestunde erklärte sie genau, wie es zu meiner Behandlung gekommen war. Sie habe mich, so sagte sie, zu 90 Prozent deswegen in die Analyse genommen, weil Ferenczi sie gebeten hatte und nur zu zehn Prozent »weil Sie ein liebes Mensch zu sein scheinen« (Original). Von da an bestand meine Hauptbeschäftigung in der Analyse darin, ihr zu beweisen, daß sie diese Formel umdrehen müßte: daß ich in Wirklichkeit zu 90 Prozent ein lieber Mensch war, dessen Karriere nur am Rande (nämlich zu zehn Prozent durch Ferenczi) protegiert war. Im Verlauf der ersten Sitzung arbeitete Frau Deutsch darauf hin, daß ich eine »klebrige Libido« habe. Als ob ich mich für diese wertende Bemerkung rächen wollte, hatte ich in der folgenden Nacht einen Traum: ich saß auf einem frisch gestrichenen Toilettensitz und blieb kleben.

Frau Deutsch analysierte mich in ungefähr fünfzig bis sechzig Sitzungen. Ihre offenkundige Ambivalenz gegenüber dieser Analyse zeigte sich in ihren häufig in letzter Minute erfolgenden Absagen meiner Stunden. Ihr Zimmermädchen rief mich mindestens einmal die Woche an, um mir zu sagen, daß Frau Deutsch mich an diesem Tag aus diesem oder jenem Grund nicht sehen könne. So kam ich auf nicht mehr als drei oder vier Sitzungen pro Woche. Ferner wurde die Analyse durch alle möglichen Arten von Ferien immer wieder verzögert, zum Beispiel durch lange Unterbrechungen zu Weihnachten oder Ostern. Nach etwa dreizehn oder vierzehn Monaten teilte mir Frau Deutsch schließlich mit, daß sie meine Lehranalyse beende, da ich »nicht analysierbar« sei. Sie hat mir dieses Verdikt nie erklärt, aber ich hatte bereits einen Grund für die Ambivalenz meiner Analyse gegenüber vermutet und erfuhr schließlich auch, wie sie dazu kam, mich nicht zu mögen.

Der »Grund« auf den ich mich beziehe, betraf mein Analysehonorar. Aufgrund meiner bescheidenen Umstände fühlte ich mich nicht in der Lage das übliche Honorar für die Lehranalyse zu zahlen. Natürlich hätte ich meinen Vater um Hilfe bitten können. Er war zwar nicht wohlhabend – sein festes Gehalt war bereits durch die hohen Kosten für das Musikstudium meiner Schwester strapaziert – aber er hätte mir sicher ein Darlehen gewähren können. Ich wollte aber nicht, daß mein Vater Geld aufnähme, damit ich wie alle andern das Honorar für meine Analyse zahlen konnte. Ich ging in der Überzeugung zu Frau Deutsch, daß ich etwas »Besonderes« sei und auch so behandelt werden müßte. Außerdem war mir in den Jahren vor meiner Analyse von meinen Freunden immer wieder versichert worden, daß das Wiener Psychoanalytische Institut »würdige« Kandidaten aufnahm, die ihre Lehranalyse zu geringem Honorar erhielten. Wenn es also die Aufnahme würdiger Kandidaten gab, gehörte ich doch sicher dazu. Mir stand nur das Beste zu, wie Ferenczi selbst mir gesagt hatte. Auf dieser Grundlage – als Kandidatin, die es verdient – hatte ich meine Arbeit mit Frau Deutsch begonnen. Es kann daher sein, daß das finanzielle Arrangement meiner Analyse und das, was damit zusammenhing, meine Analyse von Anfang an sabotierte. Meine Freundin Jenny Waelder- Hall sagte mir, daß allen, die Helene Deutsch kannten, klar war, daß sie nicht ohne Honorar analysieren konnte.

Zur gleichen Zeit als ich mit meiner Lehranalyse begann, war Fanny von Hann-Kende, eine Freundin und bekannte Pathologin aus Budapest gekommen, um ebenfalls eine Analyse bei Frau Deutsch anzufangen. Obgleich Fannys Analyse dann auch zur Lehranalyse wurde, waren es zunächst Eheprobleme – sie stand vor der Scheidung – die sie zur analytischen Behandlung führten. Familiäre Umstände zwangen sie dazu, so schnell wie möglich mit der Analyse weiterzukommen und nach Budapest zurückzukehren. Fannys Analyse bei Frau Deutsch fand daher gleichzeitig mit meiner statt, und es war für mich ein ständiger Quell der Bitterkeit, wenn ich mitbekam, daß Frau Deutsch meine liebe Freundin fünf- oder sechsmal pro Woche empfing, während meine Analyse immer wieder durch Absagen hinausgezögert wurde.

Fanny und ich standen uns ziemlich nahe. Als etwas ältere Frau bemutterte sie mich so wie ihre jüngeren Schwestern. Es war klar, daß ich ihr auch vom Verlauf meiner eigenen Analyse erzählte und immer wieder darüber klagte. Daher hat Fanny in ihrer Analyse oft von mir gesprochen, besonders dann, wenn – wie sie wußte – Frau Deutsch mich nicht behandelte. Einmal fragte Fanny Frau Deutsch wen von uns beiden sie lieber mochte. Frau Deutsch wählte ein Beispiel aus der Pathologie, um den Unterschied zu beschreiben: das eine sei wie das Sezieren einer ungewöhnlich kompliziert aufgebauten Leber und das andere wäre bloß eine »Muskatnuß«-Leber – als ob ich eine Muskatnußleber mit einer ganz gewöhnlichen Pathologie sei.

Von Editha Sterba, einer Freundin und Kollegin, hörte ich später noch eine abwertendere Stellungnahme: ich litte an »paranoider Melancholie« und sei daher nicht analysierbar. Mir gegenüber erwähnte Frau Deutsch nur ihre eigene Unfähigkeit meine Lehranalyse durchzuführen und wusch ihre Hände in Unschuld, indem sie darauf hinwies, daß auch Professor Freud nicht jeden analysieren könne. Sie erwähnte dabei auch Viktor Tausk, dem Freud die Analyse verweigert hatte und der später Selbstmord beging, nachdem Frau Deutsch ihn nach Freuds Anweisung 1919 aus der Analyse entließ. Als ob sie die Tauskanalogie noch weiter treiben wollte, machte Frau Deutsch ungefähr zur gleichen Zeit Fanny von Hann-Kende klar, daß sie ihre Analyse nur fortsetzen könne, wenn sie die Beziehung zu mir aufgäbe. Freud, so sei erinnert, hatte Frau Deutsch untersagt, Tausk weiter zu behandeln, weil ihre Arbeit mit ihm und ihr ständiges Nachdenken über ihn ihre Analyse bei Freud störte.[1]

Die lieblose Beurteilung, die mir Frau Deutsch zuteil werden ließ, ist vielleicht weniger erwähnenswert, als die Kette von Ereignissen, die sie durch ihr abschließendes Urteil in Bewegung setzte. Sie selber hatte nur wenige Monate Analyse bei Freud erhalten und war wahrscheinlich nicht in der Lage, die Schwierigkeiten in der Gegenübertragung bei der Arbeit mit mir zu erkennen. Ich bin versucht, das Urteil der zu jener Zeit berühmten Analytikerin Lucie Jessner zu glauben, die meinte, daß Helene Deutsch von den homosexuellen Regungen in meiner Übertragung erschreckt wurde. Ich erinnere mich an einen Traum, den ich in einer unserer letzten Stunden erzählte: ich kam aus dem Badezimmer und Frau Deutsch, die im Traum meine Krankenschwester war, hat meine Unterhosen wieder zugeknöpft (kleine Mädchen trugen damals Unterhosen, die hinten zugeknöpft wurden). Am Ende dieser Stunde – wohlgemerkt – bat Frau Deutsch mich, die analytische Behandlung bei einem Mann zu suchen und gab zu, daß sie mich nicht analysieren könne.

Egal welche Motive hinter Frau Deutschs abwertender »Diagnose« standen, ihr Urteil hat meiner psychoanalytischen Karriere zunächst einen großen Stein in den Weg gelegt. Die psychoanalyti-

sche Ausbildung hing damals hauptsächlich von einer zufriedenstellenden Lehranalyse ab. Es gab kein formelles Ausbildungsprogramm, jeder ging einen anderen Weg, las, besuchte Seminare und erhielt klinische Supervision je nach den eigenen Umständen. Nur die Lehranalyse war für alle Kandidaten verbindlich und für den Abschluß beim Institut war das Urteil des Lehranalytikers über den Verlauf der Analyse entscheidend. Sobald der Lehranalytiker dem Ausbildungsausschuß des Instituts den erfolgreichen Abschluß der Lehranalyse eines Kandidaten meldete, gab der Ausschuß dem Kandidaten ohne weitere Prüfungen die Zulassungsurkunde. Behauptete aber der Lehranalytiker, daß der Kandidat nicht zu analysieren sei, dann blieb dem Komitee nichts anderes übrig, als diese Person als ungeeignet für die psychoanalytische Arbeit zu beurteilen und sie aus dem Institut auszuschließen.
Genau das geschah in meinem Fall. Nach Frau Deutschs mißgünstigem Report war mein Schicksal zunächst besiegelt. Die Endgültigkeit dieses Verdikts wurde noch durch Frau Deutschs Erscheinung bekräftigt. Sie war eine überwältigende Person und die Tatsache, daß sie von Freud persönlich analysiert worden war – egal wie kurz – verlieh ihr noch mehr Autorität. Sie hatte großen Einfluß im Wiener Psychoanalytischen Institut und versetzte eine Reihe von Kollegen mit größerer analytischer Erfahrung in Furcht. Eduard Hitschmann hatte eine Todesangst vor ihr wie auch Paul Federn in geringerem Maße. Sogar Anna Freud paßte auf, daß sie ihr nicht in die Quere kam. Freundschaftliche Beziehungen pflegte Frau Deutsch nur zu jüngeren Männern – Edward Bibring, Ernst Kris, Heinz Hartmann – denn die betrachtete sie nicht als Berufsrivalen.
Das Resultat ihrer Negativbewertung ließ nicht lange auf sich warten. Bald darauf erhielt ich einen formellen Brief von Anna Freud, Sekretärin des Wiener Psychoanalytischen Instituts, in dem sie mir mitteilte, daß mein Kandidatenstatus aufgehoben sei. Im Namen des Instituts schlug sie mir vor, eine Therapie bei einem der von Frau Deutsch vorgeschlagenen Analytiker zu machen und wenn diese erfolgreich verlaufe, mich noch einmal zu bewerben.

Es erübrigt sich wohl zu sagen, daß ich niedergeschlagen und deprimiert war. In der Zeit, als Frau Deutsch meine Analyse beendete, war ich Gast im Hause Kovacs in Budapest und hatte mehrmals die Gelegenheit, meine Situation mit Ferenczi zu diskutieren. Er riet mir zur Analyse bei einer anderen Frau. Seiner Meinung nach hätte ich es bei einem Mann leichter, nachdem ich ja mit meinem Vater eine bessere Beziehung hatte als mit meiner Mutter. Aber genau aus diesem Grund – so Ferenczi – würde die Analyse bei einer Frau viel tiefer gehen. Frau Deutsch hatte mir drei Analytiker vorgeschlagen: Willi Hoffer, Richard Sterba und Edward Bibring. Hoffer, den ich sehr bewunderte, konnte mich damals nicht nehmen; er war zu sehr mit seinen Studien für die medizinische Prüfung beschäftigt (seinen Doktor hatte er bereits). Die andern beiden Analytiker wollte ich – schon weil Frau Deutsch sie vorgeschlagen hatte – erst gar nicht ansprechen. So habe ich mich, entgegen den Empfehlungen des Wiener Psychoanalytischen Instituts und auch Ferenczis Rat mißachtend, meinem Mentor und Unterstützer August Aichhorn anvertraut.
Mit dieser Entscheidung wandte ich mich an einen Analytiker, dessen eigene Beziehung zum Wiener Psychoanalytischen Establishment ungewöhnlich war. Auf jeden Fall gehörte Aichhorn zum inneren Kreis des Establishments, seine eigene Autorität wurde durch die herzliche Freundschaft mit Anna Freud verstärkt[2]. Außerdem gehörte er zu den Privilegierten, die einmal in der Woche mit ihrem Vater Karten spielten. Gleichzeitig behielt er seine ambivalente Einstellung zur Hierarchie im Institut und ging nur selten zu den Institutstreffen. Die Ablehnung der Hierarchie hing vermutlich mit seiner Herkunft zusammen. Obgleich unbestrittener Herrscher auf seinem Gebiet, war er kein Akademiker und wurde durch solche Kreise eher eingeschüchtert. Jenseits dieses allgemeinen Unbehagens teilte er wie auch Sandor Rado jene typische Furcht der Ungarn vor der Wiener Hierarchie.[3]
Meine Misere und die damit einhergehende Depression waren wie geschaffen, um von einer solch magnetischen und charismatischen Persönlichkeit wie Aichhorn behandelt zu werden. Das

ganze paßte auch gut zu seiner Ablehnung des Wiener Establishments. Als ich mich Aichhorn vorstellte, versicherte er mich wieder meines Werts und schlug eine Strategie vor, um wieder Einlaß in das Wiener Institut zu finden. Man stelle sich vor, er schlug mir also vor, bei ihm in Analyse zu gehen, dies aber vor den Mitgliedern des Unterrichtsausschusses geheimzuhalten. Wenn er dann glaubte, daß wir genügend Fortschritte gemacht hätten, würde er sich für meine Wiederzulassung beim Komitee verwenden. Warum diese Geheimnistuerei? Wenn man Aichhorn kennt, kann man sich die Antwort denken. Den Wiener Kollegen, für die er sehr gemischte Gefühle hegte, wollte er zum einen die Schau stehlen und zum andern einen Tadel aussprechen. Er stellte sich ein Szenario vor, in dem er zur rechten Zeit das Ausbildungskomitee mit unserer analytischen Arbeit überraschen und vor vollendete Tatsachen stellen würde. Mit großem Pathos würde er dann den Erfolg verkünden: »Ihre Analyse verläuft wunderbar; sie wird eine berühmte Analytikerin werden.«
Aber Aichhorns Freude an einem Coup gegenüber dem Wiener Establishment lenkt von der Ernsthaftigkeit seines Vorgehens ab. Tatsächlich waren sein Engagement für mich und sein Glaube an meine Befähigung zur analytischen Arbeit damals meine Rettung. Zugegeben: sein unorthodoxes Vorgehen bei meiner Wiederzulassung zum Institut befriedigte natürlich auch meine narzißtischen Bedürfnisse. Es bestärkte mich wieder darin, ein Wunderkind zu sein, zu wichtigen Dingen bestimmt. Insofern war meine fast drei Jahre dauernde Analyse bei Aichhorn zwar in vielerlei Hinsicht hilfreich, aber doch weit vom klassischen Konzept entfernt. Denn tatsächlich waren Aichhorn und ich damals ineinander verliebt, was die klassische Beziehung zwischen Analytiker und Analysand unmöglich machte. Indem er mich unter seine Fittiche nahm und dafür sorgen wollte, daß ich wieder die Gnade des Wiener psychoanalytischen Establishments gewänne, pflegte Aichhorn nur weiter mein Selbstbild meiner Besonderheit – jetzt allerdings im positiven Sinne, nachdem Frau Deutsch mir den negativen Beigeschmack einschärfen wollte. Unter Aichhorns analytischem Schutz wurde ich eine Art Aschenputtel, das Liebes-

objekt eines schönen Prinzen (Aichhorn), der mir wieder die Gunst einer schönen Stiefmutter (Frau Deutsch) zurückgewinnen würde. Gleichzeitig rührte meine Analyse bei ihm wieder meine ödipale Situation auf – ich war wieder die Tochter einer abweisenden Mutter (Frau Deutsch) und eines Vaters (Aichhorn), der für mich Partei ergriff.

Bis Aichhorn sich dann um meine Wiederzulassung zum Ausbildungsprogramm des Instituts kümmerte, waren sechs Monate vergangen, in denen ich zu seiner Lieblingsschülerin geworden war. Im Verlauf dieser Blüte unserer persönlichen Beziehung wurde ich auch seine Geliebte. Nachdem wir beide dann erkannten, daß unsere Arbeit der klassischen Analyse, die ich brauchte, nicht entsprach, kamen wir zweieinhalb Jahre später zu dem Entschluß, daß ich meine Lehranalyse bei jemand anderem zum Abschluß bringen sollte. An diesem Punkt entschieden Aichhorn und ich gemeinsam, Willi Hoffer zu fragen, ob er mit mir die Analyse zu einem erfolgreichen Abschluß bringen würde. Dadurch, daß Aichhorn mir bereits wieder die Zulassung beim Wiener Psychoanalytischen Institut verschafft hatte, konnte Hoffer offen und frei mit mir arbeiten, brauchte also nicht um seinen eigenen Status beim Institut zu fürchten. Er schloß sich unserer Beurteilung an, daß meiner Karriere mit einer Analyse bei ihm besser gedient sei, als wenn ich mit Aichhorn fortfahren würde. Zudem kannte und mochte Hoffer mich bereits, nachdem er inoffiziell meine ersten beiden analytischen Fälle, die ich während meiner Analyse bei Aichhorn angenommen hatte, supervidiert hatte.

Hoffer zeigte sich als fähiger Lehranalytiker, indem er die notwendige Objektivität in meine Analyse einbrachte. Nicht, daß er als »Leinwand« im Sinne Freuds früher technischer Regeln gearbeitet hätte. Wir waren, wie schon erwähnt, bereits gute Freunde, und er suchte auch weiterhin meine Mitarbeit bei der Publikation seines neuen Projekts, der »Zeitschrift für psychoanalytische Pädagogik«. Die Beziehung zu mir war typisch für die Lehranalysen der damaligen Zeit. Regel war, daß das Privatleben des Lehranalytikers aus der analytischen Arbeit herauszuhalten sei. Diese Regel wurde eher als Empfehlung denn als rigide Anweisung gehandhabt. Meine Lehranalyse bei Hoffer dauerte mit Unterbrechungen bis 1935. Meine Charakterstruktur, meine Anpassungsfähigkeit und meine Sublimierungen haben sich durch die Arbeit mit ihm deutlich verbessert.

Ohne die Früchte meiner Analyse bei Hoffer zu schmälern, machte ich meine größten Fortschritte im persönlichen wie im beruflichen Sektor als Aichhorns Analysandin und Schülerin. Auf der Alltags- Ebene war auch der Umzug in eine Wohnung in der Pfeilgasse 30 durchaus eine Verbesserung gegenüber der vorherigen »Eßzimmerwohnung« in der Albertgasse. Aichhorn hatte mich zu angenehmerem Wohnen ermutigt. Er überredete mich zum Kauf eines kleinen Autos, was für die damalige Zeit ein unerhörter Luxus war. So konnte ich aber meinen Hausbesuchen als Kinderärztin nachkommen. Auf der beruflichen Ebene habe ich unter Aichhorns Schutz meine erste psychoanalytisch orientierte Kinderpraxis in der Klinik Professor Zapperts eingerichtet. Aichhorn hatte mir bis ins Detail gehend die einzelnen Schritte benannt, die ich gehen mußte, um die notwendige Befugnis zu erhalten. Er drängte mich sogar, eine Kinderberatungsstelle beim Wiener Psychoanalytischen Institut einzurichten; dieses Ziel verwirklichte später meine Freundin Editha Sterba.

Aichhorn lenkte meine Aufmerksamkeit auch auf ein neues Gebiet im klinischen Bereich: die Benutzung des Rorschachtests als diagnostischem Hilfsmittel. Noch bevor er mich als Analysandin akzeptierte, bestand er darauf, daß ich die Interpretation von Rorschachtests erlernte, denn die waren seiner Ansicht nach für meine pädiatrische Arbeit nützlich. Durch Aichhorns Einführung konnte ich die Technik der Rorschachtests bei einem Schweizer Schüler Rorschachs, bei Behn-Eschenburg erlernen, der Wien in den ausgehenden zwanziger Jahren besuchte.

Aichhorns fortwährende Ermutigung meiner Rorschacharbeiten führte dazu, daß ich immer größere Erfahrungen mit diesem Projektionstest machte. In den späten Zwanzigern und frühen dreißiger Jahren habe ich für eine Reihe von Amerikanern, die zum Studium der Psychoanalyse nach Wien kamen, Seminare über die Interpretation von Rorschachtests veranstaltet. Diese Studierenden, zu denen Margaret Fries, Margaret Ribble, Mary O'Neal Hawkins und Helen Ross gehörten, vervollständigten ihre psychoanalytischen Studien durch Praktika bei Aichhorn, um mehr über die Anwendung therapeutischer Techniken bei verwahrlosten Kindern zu lernen. Diese Frauen sahen sich auch bei Aichhorns ambulanten Kinderberatungsdiensten, für die er ja so berühmt war, um. Er überwies sie zudem an mich, damit sie die Rorschachtestdiagnostik erlernten.

Meine auf diesem Gebiet erworbenen Fähigkeiten haben mir noch lange nachdem ich meine Kinderarztpraxis zugunsten der Kinderanalyse aufgegeben hatte, gute Dienste geleistet. In den frühen dreißiger Jahren war ich die Rorschachexpertin im Steinhof, einer staatlich-universitären psychiatrischen Klinik. Die Universitätsklinik selbst unter dem damaligen Vorstand Pötzl lud mich ein, Vorlesungen über den Rorschachtest zu halten. Bei der Gelegenheit sollte ich auch ein wichtiges Ergebnis meiner Arbeit mit dem Rorschachtest in der klinischen Praxis erwähnen. Zwischen 1936 und 1938 arbeitete ich mit Judith Silberpfennig (später Judith Kestenberg) an einem Forschungsprojekt über die Bedeutung des Rorschachtests bei der Diagnose von Patienten mit organischen Hirnschäden (organisches Gehirnsyndrom). Silberpfennig und ich wandten den Rorschachtest bei Patienten mit sogenannten Phantomgliedern an. Dabei fanden wir heraus, daß diese Patienten durchwegs »anatomische« Antworten gaben, das heißt ihre Antworten bezogen sich auf Gleichgewicht und Symmetrie des Körpers. Die Ergebnisse dieser Arbeit wurden 1938 unter dem Titel »Der Rorschachsche Formdeutversuch als Hilfsmittel zum Verständnis der Psychologie Hirnkranker« im »Schweizer Archiv für Neurologie und Psychiatrie« veröffentlicht und von Rorschachexperten als klassisch bewertet.

Aber ich eile meiner Geschichte voraus. Kehren wir also in die Zeit meiner Lehranalyse zurück. Als ich neben meiner kinderärztlichen Tätigkeit mit der Kinderanalyse begann, hat mir Aichhorn durch Überweisung gut zahlender Patienten sehr geholfen. Zu einer Zeit als die überwiegende Mehrheit der Wiener Analytiker um ihre Verdienstmöglichkeiten kämpften, hatte ich nie Mangel an Patienten. Ich muß zugeben, daß ich damit ziemlich viel Neid von seiten der Kollegen auf mich zog. Ich erinnere mich, daß Berta Bornstein, die erst kürzlich aus Berlin emigriert war, aus Mangel an Patienten buchstäblich hungern mußte. Sie wußte damals viel mehr über Kinderanalyse als ich. Deshalb bat ich Aichhorn, den nächsten analytischen Fall doch besser zu ihr statt zu mir zu schikken, worauf er antwortete: »Na gut, Dir zuliebe werde ich es tun« – denn Berta interessierte ihn nicht besonders.

Weil ich wahrscheinlich so begierig war, der gesamten Wiener psychoanalytischen Gemeinschaft meinen Wert zu beweisen, habe ich jede Gelegenheit genutzt, um meine klinische Tätigkeit von einer Reihe von Analytikern supervidieren zu lassen. Während ich also mit meiner Ausbildung Ende der zwanziger Jahre fortfuhr, wurde ich verschiedene Male von Anna Freud, Jenny Waelder (später Jenny Waelder-Hall), Marianne Kris, Jeanne Lampl-de Groot, Grete Bibring, Eduard Hitschmann, Edward Bibring und Willi Hoffer supervidiert. Einige dieser unterschiedlichen Persönlichkeiten verdienen besondere Erwähnung.

Grete Bibring war meine erste »offizielle« vom Institut ernannte Supervisorin und in vielerlei Hinsicht die beste. Sie war eine begabte Klinikerin und Lehrerin, sie hatte eine hohe Meinung von meinen Talenten und sie machte mir Mut. Ich erinnere mich noch an die erste Supervision. Sie betraf einen Friseur, der mir vom Institut überwiesen worden war. Er litt an einer Angstneurose, die sich in der Furcht vor Frauen ausdrückte, obwohl er gleichzeitig von Frauen fasziniert war.

Bibring beeindruckte mich sehr, als sie in den späten zwanziger Jahren bei einer Vorlesung im Wiener Psychoanalytischen Institut über ein merkwürdiges Phänomen, das sie bei sich selbst beobachtet hatte, sprach. Als ihre Kinder noch Säuglinge waren, hatte sie deren Bedürfnisse selbst dann gespürt und auf sie reagiert, wenn diese in einem anderen Raum schliefen. Damals war es äußerst unorthodox, wenn nicht sogar befremdlich, von der unbewußten Kommunikation zwischen einer stillenden Mutter und ihrem Säugling zu sprechen. Eine weniger anerkannte Analytikerin als Bibring hätte man nicht ernst genommen. Doch ihr hörte man zu und ihre Vorlesung hat mich unauslöschlich beeindruckt. Ich teilte ihren Glauben an die Wirklichkeit unbewußter Kommunikation zwischen Mutter und Kind und daran, daß die Mutter durch eine Art sechsten Sinn erspürt, wann ihr Baby in Nöten ist. Diese Auffassung leitete mich auch zu meiner eigenen psychoanalytischen Entwicklungstheorie und formte mein Verständnis für den frühen Zustand der Symbiose zwischen Mutter und Kind. Grete Bibring sprach auch von den unglaublichen Entstellungen, die häufig in der analytischen Übertragung auftreten. Eine ihrer Patienten habe sie als »dumm, lethargisch und dick wie eine Kuh« erlebt, dabei war sie klug, energisch und sehr dünn. Durch sie verstand ich, daß der Analysand den Analytiker häufig als Gegenteil von dem erlebt, was er wirklich ist, das heißt so, wie der Analysand den Analytiker sehen *muß*.

Bevor Willi Hoffer, wie bereits gesagt, mein Lehranalytiker wurde, supervidierte er inoffiziell meine klinische Arbeit. Als unsere Freundschaft zur romantischen Liebesaffäre zu werden drohte, konfrontierte er mich damit, daß eine solche Entwicklung nicht ratsam sei, denn ich könnte ihn ja in Zukunft vielleicht »anderweitig brauchen«. Ich erinnere Hoffer als einen guten und bescheidenen Mann, unübertroffen in seiner Treue zu Freud und seiner Tochter Anna. Er war überhaupt kein ausgezeichneter Theoretiker, er sprach von sich gern als dem »gemeinen Soldaten« in der psychoanalytischen Bewegung. Obgleich er nicht so originell wie beispielsweise Ernst Kris oder Heinz Hartmann war, blieb er doch während seiner gesamten beruflichen Laufbahn grundsolide. Seine Karriere kam spät in seinem Leben, als er mehrere wichtige Papiere über die Entwicklung des Körperichs, die Hand-Mund-Koordination des Kindes und anderes verfaßte.[4] Etwas später wurde er zum Präsidenten der Britischen Psychoanalytischen Gesellschaft gewählt. Sein Glaube an mich und die Unterstützung meines analytischen Ehrgeizes spielten während meiner Ausbildung eine wichtige Rolle, in dieser Hinsicht kam er gleich nach Aichhorn.

Unter meinen Supervisoren ragt Eduard Hitschmann deshalb heraus, weil er mich fragte, ob ich bei ihm Supervision haben wollte. Dies stellte sich dann als ungewöhnliche Supervision heraus: die meiste Zeit beklagte er sich über Helene Deutsch, die ihn benutzte – offensichtlich erwartete er in mir eine sympathisierende Zuhörerin. Darüber hinaus hat er mich einmal gebeten, ihm die Analyse der Abwehr beizubringen, das heißt die Analyse der Charakter-Widerstände, die in den späten zwanziger Jahren in Mode kam, nachdem Freud 1926 »Hemmung, Symptom und Angst« veröffentlicht hatte.
Meine Erinnerungen an Anna Freud sind karg und unerfreulich. Ich nahm an ihrem Seminar zur Kinderanalyse teil, das ein fortlaufendes Seminar mit Fallstudien war und sowohl Kandidaten wie auch Mitgliedern des Wiener Psychoanalytischen Instituts offenstand. Wenngleich sie einen meiner ersten kinderanalytischen Fälle supervidierte, fühlte ich mich nie gut bei ihr, genau wie sie sich nicht gut mit mir fühlte – aber damals verband Anna Freud mit den meisten Leuten kein gutes Gefühl. Mein Unbehagen hing mit ihrem Status in der psychoanalytischen Hierarchie zusammen. Gemeinsam mit Helene Deutsch war sie die Verkörperung von »Autorität« in der Bewegung, jener Autorität, die mir wenige Jahre zuvor ein großes Hindernis in den Weg gestellt hatte. Ich erinnere, wie ich bei einem Seminartreffen meinen Fall Anna Freud präsentierte. Ich stellte mein Material vor, lauschte respektvoll ihren Bemerkungen und rannte buchstäblich aus dem Raum!
Mit dem Kinderanalyseseminar verbinde ich weitere unerfreuliche Erinnerungen. Als ich das Seminar besuchte, führte ich bereits die erste psychoanalytische Säuglingsklinik in Wien. Diese Praxis, das Ambulatorium Rauscherstraße, hatte ich auf Vorschlag von Professor Zappert, einem führenden Wiener Kinderarzt gegründet, der mir die Unterstützung des Mauthner-Markhoff- Krankenhauses angeboten hatte. Dieses Ambulatorium, Vorläuferin der eigenen Kinderberatungsstelle des Wiener Instituts unter Leitung von Editha Sterba, galt – abgesehen von einigen privaten Fällen – als die Überweisungsquelle für die ersten kindlichen Patienten, die von Wiener Kinderanalytikern behandelt

wurden. So kam es, daß ich als Kandidatin des Instituts durch meine Praxis in der Lage war, meinen Kollegen die verschiedensten Fälle zu überweisen, die folglich in Anna Freuds Kinderanalyseseminar auftauchten. Jenny Waelders »Anton«, ein berühmter Fall, der in Hoffers »Zeitschrift für psychoanalytische Pädagogik« erschien, entstammte beispielsweise meiner Klinik. Dennoch hat Anna Freud nie das reiche Material gewürdigt, das ich den Seminarmitgliedern zur Verfügung stellte. Ich weiß noch, wie ich einmal kurzfristig von einer ihrer Bediensteten informiert wurde, daß Molly Putnam in der Stadt sei; ich solle ihr sofort einen Fall überweisen. Da diese Bitte wie ein Befehl ausgesprochen war und noch nicht einmal ein Bitteschön auftauchte, habe ich mir natürlich nicht viel Mühe gemacht für Molly einen Fall zu finden.
Abgesehen von meinen Supervisionsbeziehungen und dem Besuch von Anna Freuds Kinderanalyseseminar hatte ich Privatunterricht über Freuds Schriften bei Robert Waelder. Aichhorn hatte dies während meiner Lehranalyse bei ihm für mich arrangiert. Dann besuchte ich einige Kurse bei Edward Bibring, wo es um die psychoanalytische Instinkttheorie und Freuds »Das Ich und das Es« ging. Bibring habe ich als guten Seminarleiter und ausgezeichneten Lehrer in Erinnerung.

Zur gleichen Zeit als ich meine Lehranalyse bei Willi Hoffer machte und Anna Freuds Kinderanalyseseminar besuchte, traf ich Paul Mahler. 1936 heirateten wir. Abgesehen von meinem Wunsch Analytikerin zu werden, lag einer meiner persönlichen Gründe für die Analyse in meiner Beziehung zu Männern. Während meines ganzen Erwachsenenlebens hatten mir eine Reihe außergewöhnlicher Akademiker den Hof gemacht: Privatdozenten, Professoren und so weiter. Doch blieb mein Vater unerbittlich in seiner Meinung, daß die Ehe und die damit verbundene Anerkennung von Weiblichkeit nicht für mich seien. Immer wenn ich nach Sopron zurückkam und meiner Familie von einem neuen Verehrer erzählte, machte er mir Vorhaltungen, die in Ablehnung mündeten. Warum sollte ich denn heiraten, so fragte er, wenn ich doch so autark sei? Ich wäre doch viel besser als der durchschnittliche Mann. Darüber hinaus, so meinte er, sei meine Schwester Suzanne viel weniger selbständig als ich und bei all den Unsicherheiten in ihrem Leben würde sie mich doch ständig brauchen. Mit solch frustrierenden Familienaufträgen war ich also belastet.

Wenngleich ich meines Vaters Haltung als unnatürlich und egoistisch erkannte, übte sie doch einen starken Einfluß auf mein Verhalten Männern gegenüber aus, besonders auf die Schar meiner Verehrer. Meines Vaters wegen glaubte ich, daß meine »Überlegenheit« mich nie »weiblich« oder »unterwürfig« genug machen könnte, um zu heiraten. Tatsächlich glaubte ich, daß jeder Mann, der mich verehrte, mir unterlegen wäre. Aufgrund dieser Haltung lieferte ich zweifelsohne meinen vielen Verehrern verborgene Hinweise, die sie entmutigten. Ich weiß noch, wie ich in meinem Erstgespräch bei Helene Deutsch ihr von meiner Beobachtung erzählte, daß ich von einer Beziehung wegrannte, wenn sie einen gewissen Grad von Ernsthaftigkeit erreichte, der möglicherweise in einen Antrag münden könnte. Zu dem Zeitpunkt, da ich in einer Beziehung erkannte, daß ich tatsächlich Männer anzog, von denen auch ich mich angezogen fühlte, kam auch das Gefühl, es mit einem »Unterlegenen« zu tun zu haben, mit dem ich mich besser nicht weiter befassen sollte.

Als ich in meiner Analyse bei Hoffer gerade mit diesem Thema kämpfte, traf ich Paul Mahler, einen gebildeten und höflichen Mann, der zwar kein Professor war, sondern ein Chemiker – jedoch mit einem Doktortitel und einer ausgezeichneten klassischen Bildung. Obgleich er der Juniorpartner einer Wiener Likörfabrik war, die sein verstorbener Vater gegründet und dessen noch lebender Bruder weitergeführt hatte, war er doch weit davon entfernt erfolgreich zu sein. Sein ganzes Erbe hatte er in die Fabrik gesteckt, weil er sich verpflichtet fühlte, genauso viel zu investieren wie sein wohlhabender Onkel. Trotz dieser Investitionen verlor die Firma Jahr für Jahr Geld. Tatsächlich waren die Aussichten für das Geschäft so miserabel, daß Paul vor unserer Heirat seine Anteile aufgab und sich mit einem festen Gehalt begnügte.

Margaret Mahler und Paul Mahler in den 30ern. Sie trafen sich in Wien, als sie ihre analytische Ausbildung beendete, und heirateten 1936. Er war Chemiker und Mitbesitzer einer Wiener Likörfabrik, die von seinem Vater und seinem Onkel gegründet worden war. Wie Margaret sich erinnert, war er auch »ein sehr kultivierter und sanfter Mann«. *(Paul Mahlers Photo aus Margaret S. Mahlers Nachlaß; Margaret Mahlers Photo von Margaret S. Mahler Papers, Manuscripts and Archives, Yale University Library)*

Im Rückblick sehe ich meine Ehe mit Paul Mahler im Alter von 39 Jahren als Scheinlösung für psychologische Probleme, die längst nicht vollständig gelöst waren. Paul war der einzige Sohn und sowohl seinem Vater wie auch seiner Mutter eng verbunden. Er erzählte mir, daß er einmal den Wunsch geäußert habe, eine Arbeit in Turin aufzunehmen. Daraufhin habe sein Vater geweint, so daß Paul das Gefühl hatte »das könne er ihm einfach nicht antun«. Indem ich Paul heiratete, wählte ich einen Mann, der meinem Vater sehr unähnlich war. Tatsächlich war er ein Mann, der noch als Erwachsener sowohl eine Mutter als auch einen Vater brauchte. Seine Bedürftigkeit machte die Ehe nicht gerade leicht. Obgleich er ungeheuer stolz auf mich war und auch öffentlich und vor anderen Leuten seinen Stolz auf mich ausdrückte, wehrte er diese Bewunderung in unserem Privatleben ab. Gleichzeitig weigerte er sich, mich zu schützen oder die dominante Rolle in unserer Ehe einzunehmen.

Später spielten unsere jeweiligen beruflichen Umstände eine Rolle in unserer persönlichen Beziehung. Bei unserer Heirat 1936 war ich bereits erfolgreich und wurde nach unserer Emigration nach Amerika 1938 noch erfolgreicher, wobei der Wert der Psychoanalyse in Amerika und das besondere Prestige europäisch geschulter Analytiker mir unzweifelhaft weiterhalfen. Paul dagegen hatte eine Reihe schlechtbezahlter Jobs in der Chemie, die weit unter seinen Fähigkeiten lagen. Schließlich bekam er eine einigermaßen adäquate, aber gleichwohl unterbezahlte Anstellung bei der Geigy Gesellschaft.[5]

Wenn ich auf meine Erfahrungen in Wien zurückblicke, fällt mir ein Ereignis aus meiner Kindheit ein. Als ich ungefähr zehn Jahre alt war, gab die Tochter des Bürgermeisters von Sopron, Emma Toppler, ein Fest. Ursprünglich war ich nicht eingeladen, aber mein Vater sprach ohne mein Wissen mit ihrem Vater, dem Bürgermeister. Kurz darauf kam dann ein Diener in Livree mit der formellen Einladung in unsere Wohnung. Auf diesem Fest war der Tisch mit einem großen Tischtuch bedeckt, Emma schrieb ihren Namen darauf und lud die anderen Kinder ein, ungefähr dreizehn oder vierzehn an der Zahl, es ihr gleichzutun. Mich jedoch hinderten sie und die anderen Gäste daran, meinen Namen auf das Tischtuch zu schreiben.

In vielerlei Hinsicht spiegelt diese schmerzliche Kindheitserinnerung meine psychoanalytische Lehrzeit. Auch in Wien war ich zugleich anerkannt und wieder nicht, war auf dem Fest und doch aus dem Kreis der erlesenen Gäste ausgeschlossen. Die Welt der Psychoanalyse in Wien teilte sich in Außenseiter und Eingeweihte. Jeder, der eine persönliche Beziehung zu Freud hatte oder von ihm analysiert worden war, galt als einer der Auserwählten. Annie Angel (später Annie Katan), Marianne Kris, Helene Deutsch und natürlich Anna Freud waren die Berühmtheiten unter diesen Eingeweihten in den zwanziger und dreißiger Jahren. Sie galten als Autoritäten, jedes ihrer Worte war bedeutungsschwer durch das Gewicht und die Autorität Freuds.

Meine Stellung in Wien war ungewöhnlich. Innerhalb des analytischen Establishments war ich ganz deutlich eine Außenseiterin, Mitglied des Budapester Kreises, deren erste Lehranalyse bei Helene Deutsch schief gelaufen war. Und doch erlangte ich einen, wenn nicht privilegierten, so doch zumindest zähneknirschend akzeptierten Status. Als Aichhorns Liebling hatte ich Zugang zu seinem berühmten Netzwerk der Kinderberatungsstellen. Unter seiner Leitung wurde ich nicht nur Expertin in der klinischen Anwendung des Rorschachtests, sondern stand auch der Säuglingsklinik vor, die den Mitgliedern von Anna Freuds Kinderanalyseseminar die meisten Fälle lieferte. Zugleich arbeitete ich als niedergelassene Kinderärztin und betreute die Kinder vieler Analytiker,[6] nicht zu vergessen die Kinder anderer prominenter Mitglieder der Wiener medizinischen Gemeinde, einschließlich der von Beno Samet, jenem hervorragenden Internisten, der in Abwesenheit von Max Schur Freud versorgte. Kurz, ich war akzeptiert und zugleich nicht akzeptiert, genau wie auf dem Fest in meiner Kindheit bei Emma Toppler.

Wenn ich mir so die Gründe für meinen fortwährenden Status einer Außenseiterin betrachte, so komme ich natürlich auch auf meine eigenen Widerstände gegen die erforderlichen Zugeständnisse an den Eingeweihten-Status: ich beziehe mich auf meine Auflehnung gegen die sterile Atmosphäre innerhalb des Wiener Psychoanalytischen Instituts in der damaligen Zeit. Es war die Zeit, in der Freuds Vorschriften über die analytische »Neutralität« wörtlich als Auftrag äußerste Distanz zu halten, angesehen wurden.[7] Im Wien der zwanziger und frühen dreißiger Jahre kam es einer Ketzerei gleich, überhaupt gefühlvoll von der Analyse zu sprechen, geschweige denn die therapeutische Arbeit mit Gefühlen zu befrachten. Ein guter Analytiker, ein »Eingeweihter«, zeigte unter keinerlei Umständen auch nur irgendein Gefühl. Ich erinnere ein kurzes Gespräch mit Anna Freud, das diesen Aspekt des vorherrschenden analytischen Ethos sehr klar erläutert. Wir sprachen über unsere Kollegin Clara Frankel, die wegen ihrer Arbeit mit Psychotikern sehr geachtet wurde. Es war allgemein bekannt, daß von ihr behandelte Psychotiker große Fortschritte machten und schließlich die staatlichen Institutionen, in denen sie lange verwahrt worden waren, verlassen konnten. Als ich anmerkte, daß Frankel so wunderbar mit ihren psychotischen Patienten umgehen konnte, äußerte Anna Freud ihre Bedenken und meinte, daß therapeutisches Können in der Behandlung von Psychotikern nichts mit Analyse zu tun hätte oder mit psychoanalytischer Kompetenz einherginge.

Das vom Wiener Psychoanalytischen Institut verschriebene Ethos der antiseptischen Distanz in der Patientenbetreuung widersprach allem, was ich als Kinderärztin gelernt und erfahren hatte. In von Pirquets Klinik hatte ich ja gesehen, wie zerstörerisch ein steriler, unbeteiligter Arbeitsstil auf kranke Kinder wirken konnte und im Gegensatz dazu hatte ich in Molls Institut die therapeutische Kraft liebender Anteilnahme bei ähnlich kranken Kindern erlebt. In meiner künftigen Arbeit wollte ich die beiden wetteifernden Aspekte vereinen: die Theorie der frühen Entwicklung sollte mit einer therapeutischen Perspektive einhergehen, wobei die Techniken der psychoanalytischen Arbeit dem, was ich als Kinderärztin über die emotionalen Bedürfnisse des frühen Lebensalters gelernt hatte, gerecht werden sollten.

1933 erreichte meine formale lehranalytische Ausbildung ihr

Ende: das Ausbildungskomitee des Wiener Psychoanalytischen Instituts überreichte mir das Zertifikat. Aber selbst diese Berechtigung war unvollständig und brachte mich nicht dem privilegierten »Eingeweihten«-Status näher, nach dem ich mich so gesehnt hatte. Von Editha Sterba erfuhr ich, daß das Komitee mich beinah einstimmig angenommen hatte – es gab nur eine Gegenstimme – die von Helene Deutsch.

1933 war nicht nur der Beginn meiner offiziellen Zulassung zur Analyse, sondern auch das Jahr von Ferenczis Tod. Mit vielen anderen Mitgliedern der Wiener psychoanalytischen Gemeinde reiste ich nach Budapest um an der Beerdigung des Mannes teilzunehmen, der mich auf die psychoanalytische Laufbahn geführt hatte und mein unermüdlicher Fürsprecher während des Jahrzehnts meiner Ausbildung blieb. Die Ironie des Schicksals wollte es, daß ich zur Beerdigung meines Freunds und Helfers im gleichen Zug reiste wie die Frau, die sich meiner blühenden Karriere in den Weg gestellt hatte. Helene Deutsch und ich sprachen während dieser traurigen Reise kein Wort miteinander.

5 *Über den Ozean*

Der Anschluß 1938, bei dem Nazideutschland Österreich annektierte, zog nur den Schlußstrich unter den traurigen Vorfall des politischen Lebens in Österreich während der dreißiger Jahre. Innerhalb der ersten zwei Monate nach Hitlers Besetzung des Landes im März 1938 war fast die ganze österreichische psychoanalytische Gemeinde nach Großbritannien oder Amerika abgewandert. Erscheint es nicht seltsam, daß der bedeutende ungarische Bildhauer Beni Ferenczy, ein Freund, dessen Kinder ich ärztlich betreute, seine Büste von mir genau am Vorabend des Umbruchs fertigstellte – genau in der Nacht, bevor der österreichische Kanzler Kurt Schuschnigg sich insgeheim von Wien nach Berchtesgaden begab, um sich dort Hitlers Forderungen zu beugen und damit den letzten Funken der österreichischen Unabhängigkeit auszulöschen?
Im Grunde hatte ich bereits vor den schicksalhaften Ereignissen des Jahres 1938 darüber nachgedacht, Österreich zu verlassen. Der Aufstieg des Nationalsozialismus in den dreißiger Jahren, der mit einer ganzen Reihe von Putschversuchen einherging, sowie der Ermordung des Kanzlers Dollfuß 1934, war nie weit genug von unser beider – meines Mannes Paul und meinem – persönlichem und beruflichem Leben entfernt. In den späten dreißiger Jahren hat mich Aichhorn, der ja stets Bescheid wußte und auch verläßliche Informationen über polizeiliche Aktivitäten besaß, morgens öfters angerufen und mich gewarnt, mein Mann solle nicht zu seiner Fabrik gehen. Diese Warnung hatte mit der täglichen Quote von Juden zu tun, die in der Josefsstadt, dem Bezirk in dem wir lebten, festgenommen werden sollten. »Hör mal,« sagte er, »heute sollen in der Josefsstadt fünfzig Juden festgenommen werden; laß bloß Deinen Mann nicht in seine Fabrik gehen.« Die täglichen Berichte über die tatsächlich Festgenom-

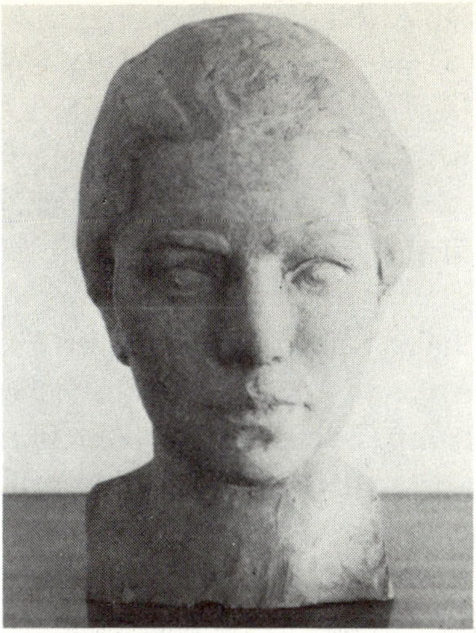

Oben: Margaret Mahlers Büste, von dem ungarischen Bildhauer und Mahlers großem Freund, Beni Ferenczy geschaffen. Ferenczy vollendete die Büste 1938, genau an dem Abend, bevor der österreichische Kanzler Kurt Schuschnigg Wien in Richtung Berchtesgaden verließ, um vor den Forderungen Hitlers zu kapitulieren. *(Copyright 1985 Andrew Holbrooke)*
Unten: Ferenczy schrieb Mahler 1945 »in einem sehr einfühlsamen Brief« die Todesnachricht ihrer Mutter in Auschwitz. Hier sieht man ihn in Budapest 1961. *(Aus Margaret S. Mahlers Nachlaß)*

menen ließen mich Aichhorns Rat beherzigen, obgleich ich dann damit beschäftigt war, Paul zu Hause zu halten, nachdem Aichhorn es für unklug hielt, wenn er auf die Straße ging. Wenn er sich für die Sicherheit des Hauses entschied, hatte Paul immer das Gefühl, er ließe den älteren Onkel im Stich, mit dem gemeinsam er das Familienunternehmen betrieb.

Die politische Lage und besonders die immer mißlicher werdende Situation der Juden hatte natürlich großen Einfluß auf die psychoanalytische Arbeit in jener Zeit. Ich habe eine ins Gedächtnis springende Erinnerung an einen Mann (kein Jude), der wegen Potenzstörungen in analytischer Behandlung war. Er war bei der größten Rüstungsfirma in Österreich, Siemens Schukert, beschäftigt. Ich wußte, daß er die Behandlung in diesem schlechter werdenden politischen Klima nicht fortsetzen könnte und so kam er tatsächlich nach einem Wochenende zu seiner Sitzung und sagte: »Sie werden sicher verstehen, daß ich nicht mehr kommen kann, denn ich habe ein wenig jüdisches Blut und werde deshalb mißtrauisch beobachtet, jeden Tag folgt man mir zu Ihrer Praxis.« Offensichtlich hatte er meinetwegen Gewissensbisse und so fragte er, ob er irgend etwas für mich tun könne.

Bevor ich diese Begebenheit zu Ende erzähle, muß ich eine kleine persönliche Geschichte einschieben. Einige Jahre zuvor hatte mir die erste Frau des Bildhauers Ferenczy, dessen Kinder ich wie gesagt betreute, gebrauchte Kinderkleidung für die ärmeren Säuglinge meiner Klinik gegeben. Freudig nahm ich ihr Angebot an und so brachte sie mir ein Riesenpaket mit gebrauchten Säuglingssachen. Zwischen zwei Kleidungsstücken entdeckte ich zu meinem Erstaunen einen Revolver. Anscheinend wollte die Frau ihn loswerden und steckte ihn, bevor sie nach Rußland emigrierte, in die Kleidung. Ich fühlte mich, gelinde ausgedrückt, mit diesem »Geschenk« unwohl, entschied mich aber, es erst einmal wegzulegen.

Der Rest meiner Geschichte paßt nun genau dazu. Als der Patient, der mir vom Schicksal der Juden und anderer dem Naziregime unliebsamer Personen berichtete, mich nun fragte, ob er etwas für mich tun könne, dachte ich sofort an »meinen« Revolver. Es fiel mir ein, daß er als Angestellter einer Waffenfabrik sicher einen Waffenschein besäße und so fragte ich ihn danach. Er bestätigte die Vermutung und ich erklärte ihm, daß ich zufällig einen Revolver, aber keinen Waffenschein besäße. Bis dato habe ich mich der Waffe nicht entledigen können. Dann fragte ich ihn geradeheraus, ob er die Waffe mitnähme, er könne damit nach Belieben verfahren. Er sagte ja und so holte ich den Revolver und gab ihn ihm. Er nahm die Waffe, untersuchte sie und meinte: »Es ist ein wunderschönes Stück, wirklich wunderschön, aber es hat einen kleinen Fehler. Es funktioniert nicht, aber das läßt sich leicht reparieren«. Muß ich erwähnen, daß der Mann die Analyse angefangen hatte, weil er an ejaculatio praecox litt?

So haben mich die Ereignisse innerhalb und außerhalb meiner Praxis schon weit vor dem Anschluß davon überzeugt, daß wir Pläne zur Emigration machen sollten. Schon im Januar 1937 sprach ich mit einem Onkel meines Mannes, der als Badearzt in der Nähe von Karlsbad in den Sudeten tätig war, über meinen Wunsch, das Land zu verlassen. Er erinnerte daran, daß wir Bewilligungen bräuchten, um Österreich zu verlassen, nahm aber meine Sorge ansonsten auf die leichte Schulter, indem er meinte, daß die Nazis – Anfang 1937 – »auf dem letzten Loch bliesen«. Ironischerweise machte diese abwertende Bemerkung ein Bewohner des Sudetenlands, jenem Teil Österreichs, den die Nazis als ersten schluckten.

Natürlich gaben die Ereignisse von 1937 und 1938 meinen Vermutungen recht. Ich erinnere mich noch der Panik, die unter den jüdischen Intellektuellen Österreichs ausbrach, als die Nazitruppen im März 1938 in Österreich einmarschierten. Die Wiener Analytiker waren natürlich auch stark betroffen, aber doch weniger von Panik ergriffen als andere. Tatsächlich benahmen sie sich in einer sehr »analytischen« Weise, indem sie sich, wie dies der Tradition der tüchtigsten Freimaurer entsprach, zusammenschlossen und systematisch dafür sorgten, daß jeder jüdische Analytiker in Sicherheit umsiedeln konnte. Ich erinnere mich an eine Konferenz unter Vorsitz von Anna Freud in Freuds Haus, bei der die einflußreichsten Analytiker mit den besten Verbindungen zugegen waren – die Bibrings, Ernst Kris und Heinz Hartmann neben vielen anderen. Thema der Versammlung war die Umsiedlung jüdischer Analytiker aus Österreich und die Beschaffung eidesstattlicher Erklärungen und Visa für diejenigen, die bald gehen würden. Ich weiß noch, wie irgendwann bei diesem Treffen der Vorschlag kam, daß Paul und ich nach Südafrika gehen sollten – Grete Bibring schloß sich aber unserem herzhaften Widerstand gegen diesen Vorschlag an!

Mit vielen Kollegen suchten wir temporär Asyl in Großbritannien. In unserem Fall wurde dieser Wunsch durch die guten Dienste der Witwe des britischen Vizekönigs von Indien, Leontine Sassoon, erfüllt. Damals befand sich Lady Sassoons Nichte bei mir in Analyse. Lady Sassoon schickte einen Brief zu unseren Gunsten an die Wiener Kanzlei der britischen Botschaft und bat darum, daß uns Emigrationsvisa erteilt würden. Außerdem lud sie meinen Mann und mich ein, bei ihr bis zu unserer Emigration in die Vereinigten Staaten zu wohnen. Mit diesem Brief gingen wir also zum britischen Konsulat und baten um ein Visum für drei Monate. Zu unserem Erstaunen und zweifelsohne aufgrund von Lady Sassoons einflußreicher Unterstützung bekamen wir ein Visum für sechs Monate Aufenthalt in Großbritannien. Darüber hinaus erhielten wir die Erlaubnis, unsere Überfahrt von Großbritannien nach New York im voraus zu bezahlen.

Wir hatten gerade genug Geld, um unsere Geschäfte in Wien zu regeln, wozu auch die Reichsfluchtsteuer für die Fabrik meines Mannes gehörte[1] und um die Karten für die Schiffsreise von Southampton nach New York zu bezahlen. Am Vorabend unserer Abreise aus Wien hatten Paul und ich je eineinhalb Guineen. Zum Glück lebte ein Cousin von mir in Jugoslawien, der Geld in der Schweiz deponiert und mir angedeutet hatte, daß er uns, sobald wir aus Österreich heraus wären, Geld überweisen würde. Die ungarische Regierung gab meinen Eltern ein Eintagesvisum, so daß sie nach Wien reisen und sich von uns verabschieden konnten, um noch am selben Tag wieder zurückzukehren. Für mich war es ein äußerst qualvoller Abschied. Ich saß auf meiner Mutter Schoß und klammerte mich an sie wie ein Säugling – wie das

Baby, das ich nie hatte sein dürfen. Gleichzeitig fühlte ich, daß vielleicht meine Mutter ohne mich nicht überleben könnte – so sehr hatten sich unsere Rollen im Lauf der Jahre vertauscht. Denn die gleiche Mutter, die mich nie als ihr Kind angenommen hatte, war mit der Zeit selber wie ein hilfloses Kind geworden. Sie litt an schwerer rheumatoider Arthritis und brauchte ständig die »mütterliche« Pflege ihrer älteren Tochter.

Mein fünfmonatiger Aufenthalt in Großbritannien von Mai bis Oktober 1938 war eine Zeit der glücklichen Wiedervereinigung mit den früheren Wiener Kollegen, besonders den Bibrings und den Kris. Die Britische Psychoanalytische Gesellschaft zeigte sich gegenüber den aus Europa emigrierten Analytikern, besonders gegenüber den Wienern, äußerst wohlwollend. Sie bezahlte unsere Wohnung in Greencroft Gardens (Hampstead), wo wir in einer Art Pension lebten, die Hedwig Abraham, der Witwe des deutschen Analytikers Karl Abraham gehörte und von ihr geführt wurde. Die Britische Psychoanalytische Gesellschaft war überhaupt sehr entgegenkommend, natürlich unter der Voraussetzung, daß die Mehrheit der Emigranten »Transitreisende« waren und sich nicht für immer in Großbritannien niederlassen würden.

Ich war damals die einzige Analytikerin in Greencroft Gardens, aber der Romancier Arnold Zweig (der später mit Freud korrespondierte) und seine Frau gehörten auch zeitweilig zu den Gästen von Frau Abraham. In dieser Pension war Frau Abraham, die ich vorher noch nicht kannte, eine sehr tatkräftige aber auch dominante Hausherrin. Mit Hilda, der einzigen Tochter der Abrahams, schloß ich Freundschaft. Ich weiß noch, wie ich mit Frau Abraham über Hilda sprach, besonders über die Tatsache, daß sie nie geheiratet hatte. Nach solchen Gesprächen lasen und diskutierten wir gemeinsam ein Papier von Abraham, das sich mit Masturbation befaßte und kurz nach seinem Tode veröffentlicht worden war. Ich weiß noch, wie erstaunt ich über die tadelnden Worte Abrahams zur Masturbation war.[2]

Noch während ich 1938 in Greencroft Gardens lebte, erhielt ich das letzte Geschenk meiner Mutter. Sie hatte ihre diamantenen Ohrringe zu einem Paar ergänzender Ringe umgestalten lassen –

einen für mich und einen für meine Schwester. Interessanterweise überbrachte mir der Mann der britischen Analytikerin Melanie Klein meinen Ring in die Pension von Frau Abraham.
Mein kurzer Aufenthalt in Großbritannien ging durch die Vielzahl von Aktivitäten im Privat- wie auch im Berufsbereich schnell vorüber. Viele Tage verbrachte ich – und oft auch mein Mann – in Woburn House um Kollegen, Freunde und in Wien verbliebene Verwandte zu retten. Es gelang mir, die Familie meines Mannes nach London zu holen. Ich erinnere mich an den Besuch vieler Seminare im nahegelegenen Hampstead, einige wurden von Anna Freud und Susan Isaacs geleitet, die letztere war besonders daran interessiert, all die emigrierten Analytiker unter einem Dach zu versammeln, so daß die analytische Arbeit weitergehen konnte. Mehrmals besuchte ich Anna Freud; bei meinem Abschiedsbesuch sah ich, wie ihr Vater sich von Stefan Zweig verabschiedete, der ebenfalls das Land verließ. Paul befaßte sich mit Rorschach-Interpretationen und lernte Englisch, wenn er nicht gerade die Emigration der Familie und der Freunde betrieb. Wir trafen uns mit meinen früheren Wiener Kollegen, besonders den Kris'sens und den Bibrings.
Es gelang mir sogar in dieser Zeit mit meiner beruflichen Tätigkeit fortzufahren. Da ich mir selbst meinen Lebensunterhalt verdienen wollte und nicht von der Großzügigkeit der Britischen Psychoanalytischen Gesellschaft abhängen wollte, betreute ich Rorschachtests und unterrichtete die Anwendung und Auswertung dieses Verfahrens – damals wollte jeder Rorschachtests lernen. Ich hatte sogar einige zahlende Patienten. Lady Sassoons Nichte und zwei andere heranwachsende Patienten waren mir nach Großbritannien gefolgt, um die Behandlung fortzusetzen. Hilda Maas, eine frühere Kollegin aus Wien, die einige Zeit vor mir nach Großbritannien gekommen war, stellte mir für diese Patienten ihre Praxis zur Verfügung. Gleichzeitig überwies sie mir ihren achtjährigen Sohn Heino, der damals mit Schulschwierigkeiten kämpfte. Zu seinen Symptomen zählte auch, daß er vorgab, seine Muttersprache Deutsch nicht zu verstehen. Er wollte nur Englisch sprechen. Im Verlauf unserer kurzen Psychotherapie

fand ich heraus, daß Heinos Symptom mit der Beziehung zu seiner Mutter zu tun hatte, von der er wiederholt sagte »sie nimmt mir die Worte aus dem Mund«. Auf einer der Cocktail-Parties, die seine Mutter gab, beobachtete ich wie ein Gast dem Kind eine Frage stellte und Heinos Mutter – das Kind völlig ignorierend – antwortete. Heino drehte sich zu mir und sagte: »Siehst Du, wie sie mir die Worte aus dem Mund nimmt?« Tatsächlich war dieser kleine Junge mein erster und effizientester Englischlehrer. Unter all den emigrierten Wiener Analytikern konnte ich bei meiner Ankunft auf englischem Boden wohl am wenigsten die Sprache. Dank der Psychotherapie mit Heino erlernte ich das Grundwissen an Englisch, das ich bei meiner Ankunft in den Vereinigten Staaten beherrschte. Durch die Mutter, die unaufmerksam »ihm die Worte aus dem Mund nahm« für Sprache sensibilisiert, eilte er mir stets zu Hilfe, wenn ich mich auf Englisch nicht genau ausdrücken konnte.

Ohne große Freude plante ich meine Abreise nach Amerika. Die Aussicht auf eine solche Reise hatte mir schon immer Angst gemacht. Jahre zuvor bereits hatte von Pirquet mir ein Carnegie Stipendium angeboten, so daß ich 1923-1924 in Amerika hätte verbringen können, aber ich hatte seine Initiative nicht weiter ermuntert. Ein Stipendium für Frankreich oder ein anderes europäisches Land hätte mir keine Angst gemacht. Aber Amerika? Es war so weit weg und die Aussicht dorthin zu gehen hatte etwas Erschreckendes. Nur die Nazis brachten es fertig, mich dorthin zu schicken.

In Großbritannien war ich meinen Eltern näher als in Amerika und das ganze Ausmaß dieser Überquerung des Ozeans und des Neuanfangs in einer Umgebung, wo ich weder Freunde noch professionelle Kontakte hatte, hat mich doch ziemlich überwältigt. Da das britische Innenministerium unsere Visa von drei auf sechs Monate verlängert hatte, blieb unseren Freunden und Kollegen genügend Zeit all den Papierkram zu erledigen, der unsere Abreise erst ermöglichte. Unsere eidesstattlichen Erklärungen für die Einreise nach den Vereinigten Staaten kamen eigens und besonders schnell von Esther und William Menaker aus New York.

Die Menakers waren überhaupt sehr hilfreich bei der Beschaffung von Bürgschaften für viele Wiener Analytiker in dieser schweren Zeit. Zusätzlich zu diesen Erklärungen benötigten wir noch die Visa, um überhaupt das Land betreten zu können. Für den Erhalt dieser Dokumente stehen wir in Dorothy Burlinghams Schuld, die an Joseph Kennedy, den amerikanischen Botschafter in Großbritannien schrieb und ihn bat, unsere Anträge doch schneller zu bearbeiten.

Paul und ich verließen Großbritannien beinah ebenso mittellos, wie wir es betreten hatten. Ernest Jones Großzügigkeit in dieser Hinsicht muß ich erwähnen. Wenngleich ich Jones möglicherweise bereits einmal in Wien getroffen hatte, so lernte ich ihn doch erst in Großbritannien kennen, wo wir verschiedene Parties zusammen besuchten. (Auf einer dieser Parties traf ich auch Melanie Klein.) Als Jones von unserer bevorstehenden Abreise erfuhr, lud er mich in sein Büro in der Harley Street ein. Dort fragte er mich ganz direkt, wieviel Geld wir bei unserer Ankunft in den Vereinigten Staaten zur Verfügung hätten. In aller Offenheit antwortete ich ihm, daß wir zehn oder fünfzehn Pfund hätten, aber bereits die Überfahrt auf der Queen Mary im voraus bezahlt hätten. Ich erwähnte auch den Cousin in Jugoslawien, der uns versprochen hatte, Geld aus der Schweiz zu überweisen, sobald wir angekommen seien. Aber diese Bemerkungen minderten Jones Sorge um uns nicht. »Dr. Mahler«, sagte er, »Sie können nicht mit zehn oder fünfzehn Pfund in New York ankommen. Nehmen Sie diese 500 Guineen als Darlehen von der Britischen Psychoanalytischen Gesellschaft. Sie werden nicht ohne dieses Geld reisen.« Jones erklärte weiter, daß wir dieses Geld vielleicht nicht zum Leben brauchen würden, aber es würde sehr, sehr schlecht aussehen, wenn wir ohne einen Pfennig in Amerika ankämen. Jones Andeutung war klar: ein Analytiker kam eben nicht mittellos wie ein Mitglied des Proletariats nach Amerika. Er drückte ferner aus, daß er sich auch sicher sei, daß wir das Geld, sobald wir könnten, zurückzahlen würden – was wir auch taten. Ich erinnerte Jones an sein Darlehen als er 1956 nach Amerika kam, um an den Feierlichkeiten zum hundertsten Ge-

burtstag Freuds teilzunehmen. Aber Jones war ein Gentleman und wollte nichts davon in der Öffentlichkeit hören.
Im Oktober 1938 reisten Paul und ich auf der Queen Mary nach Amerika. Andere Analytiker waren nicht an Bord. Kurz nach unserer Ankunft in New York schrieb ich einem Freund, die Reise sei »traumhaft« gewesen und das Schiff habe »sehr geschaukelt«. Diese Erinnerung war sicher aufschlußreicher, denn ich erinnere mich, während der ganzen Reise seekrank gewesen zu sein. Ich weiß auch noch, daß ich ungeheuer neugierig auf die Freiheitsstatue war und meinem Mann sagte, er solle dafür sorgen, daß ich sie bei unserer Einfahrt in den New Yorker Hafen nicht verpasse. Vage erinnere ich die Gefühle, die ich beim Anblick der Statue hatte: sehr romantische Gefühle über die Freiheit, die mir nun für den Rest meines Lebens erhalten bliebe. Ebenso seltsam werde ich vom Anblick des Union Jack berührt oder wenn ich »Star Spangled Banner« (die amerikanische Nationalhymne) höre. Bei unserer Ankunft waren all diese Symbole um so mächtiger, als sie im Gegensatz zu den erschreckenden Hakenkreuzen standen, die ganz Wien zu bedecken schienen, bevor wir abreisten.
Einige meiner Kollegen erwarteten Paul und mich am Kai, Bertha Bornstein begrüßte uns als erste. Diese und andere Kollegen, von denen einige erst wenige Wochen vor uns in Amerika eingetroffen waren, hatten uns freundlicherweise ein Zimmer im Hotel Paris besorgt, was damals sehr elegant war. Sie schickten uns einen Korb wunderschöner Früchte, die mich sehr erfreuten. Unter denen, die bei unserer Ankunft Freundschaft mit uns schlossen, befand sich Margaret Ribble, in deren Haus in Provincetown wir unseren ersten Sommer verbrachten sowie Dr. Leo Stone und Frau.
Natürlich war unser Aufenthalt im Hotel Paris nur vorübergehend. Paul verlor keine Zeit, um nach einer Wohnung für uns zu suchen. Aber wir hatten keine Ahnung was »comme il faut« in New York war, das heißt, wir wußten nicht, daß die 96. Straße West den Teil Manhattans, in dem angehende Berufstätige (in unserem Fall ein Chemiker und eine künftige Psychoanalytike-

rin) leben konnten, von jenem nicht standesgemäßen Teil trennte. Aufgrund dieser unvermeidlichen Ignoranz endeten wir in einem wunderschönen neuen Wohnblock an der Ecke 98. Straße Columbus Avenue. Ich erinnere mich, daß es ein Haus ohne Aufzug und daß es mit Ahornmöbel ausgestattet war, denn unsere Möbel aus Europa waren noch nicht angekommen. Nach unserem vollgepackten Hotelzimmer erschien mir diese Wohnung äußerst geräumig.

Es dauerte aber nicht lange, bis uns klar wurde, daß diese schöne Wohnung auf der falschen Seite der Trennlinie lag und als Arbeitsadresse einfach unmöglich war. Die ersten beiden Patienten, die ich zitternd angenommen hatte, hatten beide mehrere Träume, deren latente Bedeutung in der Herablassung mir gegenüber und ihrem Mitleid für mich lag, was ganz besonders mit der Lage der Wohnung zusammenhing. Und was alles noch schlimmer machte: langsam dämmerte uns, daß wir unsere Post nicht bekamen. Edith Buxbaum, die schon lange vor unserer Ankunft in Amerika war, hatte uns erlaubt, ihre Adresse in der 70. Straße West als unsere Postadresse anzugeben. Ihr Sekretär hatte aber unbeabsichtigt und routinemäßig unsere Post in die 89. Straße West statt 98. geschickt – die Briefe erreichten uns nie.

Und so blieben wir aus den verschiedensten Gründen in unserer Wohnung in der 98. Straße nur wenige Monate. Als Paul seine Suche nach einer neuen Behausung wieder aufnahm, wußten wir, daß die meisten geflohenen Analytiker in der Nähe des Central Parks West wohnten, Paul ging also in dieser Straße von Haus zu Haus. Er fand dann ein Ein-Zimmer-Apartment in dem schönen und renommierten Haus No. 336. Es war das Haus, in dem Ruth Loveland, die berühmte amerikanische Analytikerin, lebte. Natürlich hatte ich nun meine Lektion gelernt. Ich hätte eher am Essen gespart als noch einen Kompromiß wegen unserer neuen Wohnung geschlossen.

Die Geschichte meiner Anfangsschwierigkeiten bei der Aufnahme meines Berufs in New York hebe ich mir für das nächste Kapitel auf. Aber ich kann meine Umzugserzählung nicht beschließen, ohne einen Vorfall zu erwähnen, der sich kurz nach unserem Wohnungswechsel in das Haus No. 336 Central Park West ereignete. Der Hintergrund dieses Ereignisses ist wie folgt: Kurz nach meiner Ankunft in den USA freundete ich mich mit Dr. Caroline Zachry an, die damals Direktorin des Instituts für die menschliche Entwicklung und Leiterin des Büros für Kinderberatung bei der Erziehungsabteilung der Stadt New York war. Sie war auch eine enge Freundin des Kinderarztes Benjamin Spock (Spock war ein damals sehr berühmter Autor von Ratgebern für Mütter). Nachdem Zachry uns einander vorgestellt hatte, wurden Ben Spock und ich im Laufe des Sommers 1939 gute Freunde. Als er erfuhr, daß ich mich mit den emotionalen Störungen von Kindern auskannte, besuchte er mich des öfteren und brachte eine Reihe von Aufzeichnungen über Patienten mit, so daß wir die emotionalen Probleme seiner Patienten diskutieren konnten. Spock, der damals bei Bertram Lewin in Analyse war, überwies mir die ersten kinderanalytischen Fälle nach meiner Ankunft. Ich erinnere mich noch an das erste Kind, das er mir überwies, einen kleinen Jungen mit Encopresis (Einkoten).

Als Paul und ich in das Haus No. 336 Central Park West einzogen, erhielten wir einige seltsame und offensichtlich verrückte Anrufe. Einmal wurde ich gefragt, ob man ein kleines Mädchen zur Beschneidung vorbeibringen könne. Dieser Anruf erschreckte mich so sehr, daß ich sofort meinen Mann bat, uns eine geheime Telephonnummer zu besorgen.

Nun also zu dem besagten lustigen Vorfall: An einem der heißesten Tage im August unseres ersten Sommers in New York läutete es bei uns an der Wohnungstür. Da ich mit der Hitze und Schwüle des feuchtwarmen Wetters zu kämpfen hatte, öffnete ich die Tür nur leicht bekleidet. Und da stand Ben Spock, eine riesengroße Figur von über sechs Fuß. »Margaret,« sagte er, »ich bin so froh, daß alles in Ordnung ist. Ich habe meine Patienten stehen gelassen. Ich war mitten in Besprechungen, aber ich konnte Dich telephonisch nicht erreichen und wollte mich nur versichern, daß es Dir gut geht.« Diese rührende Geste habe ich nie vergessen.

6 *Die ersten Jahre in Amerika*

Das New Yorker psychoanalytische Establishment empfing die neuangekommenen Flüchtlinge mit recht ambivalenten Gefühlen, wenn nicht sogar zweischneidigen. Unter den damaligen Gegebenheiten psychoanalytischer Berufsausübung, einschließlich der begrenzten Anzahl potentieller Analysanden, zeigten viele ältere Analytiker gegenüber der Lawine relativ bedeutender europäischer Analytiker, die sich damals alle in New York zusammenfanden, wenig Sympathie. Für die Not der Flüchtlinge zeigten sie Mitleid, sie halfen auch bei ihrer Wiederansiedlung und doch machten die Größen des Establishments klar, daß sie glücklicher wären, wenn ihre europäischen Kollegen sich außerhalb der Stadt New York niederließen.

Dies nämlich war das Ergebnis einer berühmten Konferenz unter Vorsitz von Adolph Stern, der damals auch dem Ausbildungsausschuß der New Yorker Psychoanalytischen Gesellschaft vorstand. Diese Konferenz wurde 1939 von den meisten geflohenen Analytikern besucht.[1] Die älteren New Yorker Analytiker, besonders Stern, Lawrence Kubie und Sandor Rado rieten uns zur medizinischen Approbation in New York, doch dann sollten wir Pionierarbeit in Buffalo, Utica, Syracuse oder sonstwo leisten. Sie prägten uns Flüchtlingen auch ein, daß wir nun in Amerika die Heiligkeit der amerikanischen Ärzteschaft respektieren müßten, die ihrerseits zur Psychoanalyse hielt: wir dürften die analytische Arbeit keinesfalls aufnehmen, bevor wir nicht unsere medizinische Approbation hätten.[2]

Ich war – wie viele andere bei dem Treffen – viel zu erschlagen, um auf diese Anordnung, die Stadt zu verlassen, zu reagieren. Andere hingegen, wie Annie Reich, artikulierten schnell unsere Entrüstung ob dieser absurden Bitte. Viele von uns – auch ich – sprachen so wenig Englisch, daß wir kaum von dem »Mann auf der Straße«[3] verstanden wurden. Wie könnten wir da Pionierarbeit in Buffalo leisten? Kurz nach dieser Konferenz bekam mein Mann Paul einen Job bei einem Hersteller in Elizabeth, New Jersey. Als Lawrence Kubie davon erfuhr, lud er mich zum Essen ein und versuchte auf zuckersüße Art mir meine Niederlassung dort schmackhaft zu machen. »Dr. Mahler, es wäre doch für Sie die allerbeste Lösung, wenn Sie sich in Elizabeth niederließen. Es ist nur ein paar Minuten von New York entfernt.« Natürlich habe ich diese Einladung abgelehnt.[4]

Was die Hürde der medizinischen Approbation für den Staat New York anbelangte, war ich besser dran als die meisten meiner Mitflüchtlinge. Obgleich ich die Englischprüfung wiederholen mußte – Frau Leo Stone hat mir sehr beim Spracherwerb geholfen – habe ich das medizinische Staatsexamen beim ersten Durchgang geschafft und erhielt Ende 1939 meine Approbation. Tatsächlich mußte ich befürchten, daß meine Ergebnisse in zwei Fächern, Gynäkologie und Anatomie, ungenügend wären. Aber aufgrund einer schriftlichen Anfrage an den staatlichen Prüfungsausschuß, wurden sie als ausreichend anerkannt und ich erhielt die medizinische Approbation sowie die Erlaubnis zur Ausübung der Chirurgie. Interessanterweise erfüllte mich die relative Leichtigkeit, mit der ich meine Approbation erhielt, eher mit Schuld als mit Freude. Ganz besonders fühlte ich mich jenen europäischen Kollegen gegenüber unwohl, die so dringend ihre Approbation brauchten, um praktizieren zu können und sich ihren Lebensunterhalt zu verdienen. Ich denke da besonders an meine Wiener Kollegen, die Waltuchs – er war Internist und sie Kinderärztin – die beide durch die Prüfung fielen, die ich gerade bestanden hatte. So war mein Triumph in diesem Bereich mit Schuldgefühlen durchsetzt.

Doch damals war ich bereits stark mit der New Yorker psychoanalytischen Szene beschäftigt, wo sich viele unliebsame Streitereien abspielten. Mir als Flüchtling, für die Hitler und das Hakenkreuz unmittelbare Vergangenheit waren, erschienen diese Streitereien und Teilungen schrecklich, dies um so mehr, da sie heimtückisch und hinterhältig ausgetragen wurden. Nie verstand

ich die weitverbreitete Animosität gegenüber Clara Thompson und Karen Horney, da niemand mir die Details ihrer Situation erklären wollte.
Bei der Teilung der New Yorker Psychoanalytischen Gesellschaft in rivalisierende Lager wurde ich unschuldig wie eine Schachfigur benutzt, als mir Lawrence Kubie 1940 das Kinderanalyseseminar übertrug, womit ich tatsächlich, wenn auch nur vorübergehend, die maßgebende Unterrichtende für Kinderanalyse in der psychoanalytischen Gesellschaft wurde. Bis dahin lag die gesamte Kinderanalyse in den Händen von David M. Levy, einem kreativen Denker und begabten Forscher, den ich sehr verehrte. Kubie wollte Levy aus mir damals unbekannten politischen Gründen loswerden, genau wie er Rado, Thompson und auch Horney loswerden wollte. Aber der geschickte Drahtzieher Kubie vollzog die Entthronung seiner Rivalen nicht plump, sondern arrangierte seine Entscheidungen sehr geschmeidig und geschickt »mit viel Vaseline«, wie mein Lehrer Aichhorn zu sagen pflegte. Und so wurde ich zu einer Schachfigur bei seinem Spiel, David Levys Autorität in der Kinderanalyse auszuhöhlen. Die Verantwortung für das Kinderanalyseseminar wurde mir eher in Ermangelung eines Besseren übertragen: für Kubie war ich politisch akzeptabel und unter den europäischen Kinderanalytikern gab es sonst niemand, der Mediziner war und die Approbation des Staates New York erhalten hatte – die Kris'sens waren noch nicht da. Levy, das muß gesagt werden, empfand meine Ernennung als fürchterliche Kränkung, er trat daraufhin sowohl aus der New Yorker Psychoanalytischen Gesellschaft wie auch aus der amerikanischen Psychoanalytischen Vereinigung aus.
Neben der New Yorker Psychoanalytischen Gesellschaft fand ich meinen ersten institutionellen Halt in Caroline Zachrys Institut für die menschliche Entwicklung. Dort habe ich neben meinem Freund Ben Spock und einer Reihe hervorragender Erzieher und Psychologen als unbezahlte Kraft mitgearbeitet. Das Institut war eine Art »Denkfabrik« und Mutterorganisation für das Erziehungsinstitut unter Vorsitz von Edith T. Schmidt. Sowohl das Institut für die menschliche Entwicklung wie auch das Institut für

die Erziehung befaßten sich mit dem, was in Europa Heilpädagogik heißt, also Erziehung von emotional gestörten wie lernbehinderten Kindern. Das Institut für Erziehung bot direkte Dienste für solche Kinder an.

Die Mitarbeiter des Instituts für die menschliche Entwicklung schätzten mich nicht nur als die in Wien ausgebildete Analytikerin, sondern auch als Rorschachexpertin, die die Interpretation der Rorschachtests von Behn-Eschenburg, einem Schüler Rorschachs, gelernt hatte. Rorschachtests wurden damals als wichtiges Handwerkszeug in der Arbeit mit gestörten Kindern angesehen und Klopfer, der amerikanische Rorschachexperte, war Mitarbeiter des Instituts.

Ich habe bereits erzählt, daß Caroline Zachry nicht nur bald nach meiner Ankunft Freundschaft mit mir schloß, sondern mich auch Ben Spock vorstellte. Hier sollte ich auch erwähnen, daß meine Freundschaft mit ihr, die während meiner Mitarbeit im Institut begann, mich in die doch höchst peinliche Situation brachte, daß sie mich fragte, ob ich ihren adoptierten Sohn analysieren könne. Ich sage »peinlich«, weil die Bitte eigentlich von der Schule kam und die Mutter als Vorsitzende der Kinderberatungsstelle der Erziehungsabteilung der Stadt New York darüber verärgert war. Sie wollte nicht glauben, daß ihr Sohn behandlungsbedürftig sein könne. So bat sie mich um Hilfe, zog dann ihre Bitte wieder zurück, wurde aber erneut vom Direktor der Schule ihres Sohnes angesprochen und diesmal stimmte Dr. Zachry zu. Ich arbeitete eine Zeitlang mit dem Kind, aber es war eine äußerst brenzlige Situation für alle Beteiligten.

Mein formeller Eintritt in die New Yorker Psychoanalytische Gesellschaft erfolgte nach meinem Vortrag »Pseudoimbezilität: Tarnkappe der Unsichtbarkeit« im Januar 1940. Ich hatte bereits vor den Weihnachtsferien 1939 zugesagt, dieses Thema für meinen Aufnahmevortrag zu bearbeiten, hatte dann aber ziemlich sorglos auf die Einladung eines Freundes für die Ferien in Florida zugesagt. Damit hatte ich die tatsächliche Ausarbeitung des Vortrages verschoben. Mein Mann Paul wollte meine Erholung nicht stören und wartete bis zu meiner Rückkehr, um mir zu sagen, daß mein formeller Antrittsvortrag für Ende Januar angekündigt sei. So habe ich mich zitternd an die Erarbeitung des Papiers gemacht. Ich zeigte ihn dann Annie Reich, die ich sehr bewunderte und auf deren Urteil ich sehr viel gab. Annie kritisierte diese erste Fassung und so habe ich mich wieder an den Schreibtisch gesetzt und eine völlig neue Fassung produziert, die ihr höchstes Lob fand. Diese Fassung habe ich dann kurz darauf meinen Kollegen vorgetragen. Grundidee meines Vortrags war, daß einige Kinder sich dumm stellen (und dies tatsächlich tun müssen), um ihre sexuelle Frühreife zu verbergen. David Levy war wie ich mich erinnere bei der Diskussion der Vorlesung sehr kritisch. Später schrieb er mir einen Brief, in dem er zugab, daß er damals meine These mißverstanden habe. Beim Nachlesen und Nachdenken darüber habe er sich überzeugt, daß ich im Grunde mit meiner Behauptung recht hatte.

Mein Vortrag vom Januar 1940 zeitigte viele glückliche Ergebnisse. Ich wurde sofort Mitglied der New Yorker Psychoanalytischen Gesellschaft. Darüber hinaus fragte die Zeitschrift »Psychoanalytic Quarterly«, ob sie meinen Artikel abdrucken dürfe, was dann auch wenig später geschah.[5] Schließlich »verkaufte« mich gewissermaßen die Kollegin Lillian Powers, die von meiner Vorstellung tief beeindruckt war, an das Psychiatrische Institut des Staates New York, das mit der Columbia Universität verbunden war. Den dortigen Machthabenden stellte sie mich als geflohene Kinderanalytikerin vor, die den Kinderdienst des Instituts möglicherweise in Ordnung bringen könne.

So kam es, daß ich unmittelbar nach meiner Vorlesung von Dr. Kaplan eingeladen wurde und zur unbezahlten Chefberaterin des Kinderdienstes des Psychiatrischen Instituts des Staates New York ernannt wurde. Gleichzeitig bot man mir die Stelle einer Lehrbeauftragten für Psychiatrie an der Columbia Universität an. Der Kinderdienst war lange das armselige Anhängsel des Dienstes für die Erwachsenen im psychiatrischen Institut gewesen. Als das Institut gegründet wurde, hatten die Planenden offensichtlich nicht an die Behandlung der Kinder gedacht. Daher hatte der Kinderdienst nie einen bezahlten Chef, sondern lieh sich das Perso-

Margaret Mahler, ca. 1940, ungefähr ein Jahr nach ihrer Ankunft in den Vereinigten Staaten. *(Photographie von Trude Fleischmann)*

nal gewohnheitsmäßig von der Erwachsenenabteilung aus. Nichtsdestotrotz fand ich im Kinderdienst das wunderbarste Klinikmaterial, mit dem ich aufgrund des niedrigen und (nicht im Budget aufgeführten) Status des Kinderdienstes nach Belieben arbeiten konnte.

Diese erfreuliche Freiheit stand im Gegensatz zu meiner vorhergegangenen kurzen Erfahrung in der Kinderambulanz des Mount Sinai Krankenhauses, in das ich mit Annie Reich und anderen Flüchtlingen von Lawrence Kubie eingeladen worden war. Kubies willkürliche Direktorialmacht einschließlich seiner diktatorischen Kontrolle der Klinikkonferenzen waren mir verhaßt, es erinnerte mich zu sehr an die erdrückende Atmosphäre des Wiener Kinderseminars.

So fand ich mich doppelt belohnt, als ich nach meiner Präsentation der »Pseudoimbezilität« meiner Position als Volontärin beim Mount Sinai Lebewohl sagen und eine neue Volontärstelle beim Kinderdienst des New Yorker Psychiatrischen Instituts annehmen konnte.

Ein wertvolles Vermächtnis meiner ansonsten unerfreulichen Tätigkeit in Mount Sinai war meine Arbeit mit einem jungen Patienten, der mehrere Tics hatte, er litt am sogenannten Gilles de la Tourette Syndrom. Ich behandelte dieses Kind gemeinsam mit Leo Stone, der sich ausgezeichnet mit den neurologischen Aspekten der Erkrankung des Kindes auskannte. Als ich Chefberaterin des Kinderdienstes im Psychiatrischen Institut wurde, fragte ich, ob ich den Fall mitnehmen könnte. Das wurde mir gestattet. Der besagte Patient, dessen Pseudonym Teddy war, wurde schließlich von Leo Rangell und mir in einem Artikel in der Zeitschrift »Psychiatric Quarterly«[6] vorgestellt. Rangell schrieb über den neurologischen Aspekt der Krankheit und ich über die Psychodynamik.

Als ich 1941 beim Psychiatrischen Institut anfing, wurde ich als erstes von Dr. Irville McKinnon begrüßt, der mir die »Spielregeln« erklärte. Das Allerwichtigste sei, so sagte er, das Institut nicht in irgendwelche Schwierigkeiten zu bringen. Ich erinnere mich deutlich seiner Weisung: »Wenn Sie eine heiße Kartoffel haben, lassen Sie sie fallen!« Damit meinte er, wenn ein Kind zu problematisch würde, sollte man es fallenlassen – egal wie interessant die Schwierigkeiten wären. Abgesehen von dieser Anweisung konnte ich tun und lassen was ich wollte.

Damals machte ich auch die Bekanntschaft von Dr. Nolan D.C. Lewis, der als Professor und Vorsitzender der Psychiatrieabteilung der Columbia Universität fungierte. Dr. Lewis unterstützte mich sehr, er half mir bei meiner Arbeit, indem er eine sehr treffende Bezeichnung für die sehr frühe extrauterine Erfahrung des Kindes fand, die zwischen Konstitution und Erfahrung liegt – den Begriff erinnere ich jedoch leider nicht mehr.[7] Ich weiß noch wie beeindruckt ich von seinem Büro war, das schönste, was ich je gesehen habe. Aus allen Fenstern bot es einen wunderbaren Ausblick und war sehr schön möbliert.

Mein eigenes bescheidenes Büro nahm sich ganz anders aus. Es lag im Keller und ich war sehr gekränkt, als ich entdeckte, daß ein Assistent der Psychiatrie, Sam Ritvo, ohne meine Erlaubnis dasselbe Büro zugeteilt bekommen hatte. Im Rückblick erscheint es mir nur vernünftig, daß das Institut noch jemandem mein Büro gab, denn schließlich war ich alles in allem nur ein oder zwei Tage im Institut, während Ritvo ja die ganze Zeit da war. Ich erinnere mich an eine köstliche Anekdote in diesem Zusammenhang. Ich war ärgerlich über Ritvos Anwesenheit und machte daraus auch keinen Hehl. Er ging nach Hause und erzählte seiner Frau Lucille wie kurz angebunden ich mit ihm gewesen sei, worauf sie antwortete: »Sei froh, sie muß Dich mögen, sonst hätte sie gar nichts gesagt.« Und das stimmte, ich mochte Sam Ritvo, egal wie ärgerlich ich damals über die Kränkung war.

Dank der Unterstützung und des Interesses von Dr. Lewis konnten Dr. Jean Luke und ich unsere Forschung über Tics bei Kindern beginnen. Dr. Lewis stellte uns sogar Geld für ein Forschungsprojekt unserer Wahl aus dem schottischen Freimaurerfonds zur Verfügung. Dieses Geld konnte der ursprüngliche Empfänger, Dr. Reginald Lurie, der gerade in der Armee war, nicht nutzen. Die Tic-Studien, die von dem gründlich und lang beobachteten Fall Teddy ihren Ausgang nahmen, kamen schließlich als eine

Reihe von Arbeiten, die ich mit anderen Mitarbeitern geschrieben hatte, heraus. Dr. Lukes und meine Nachuntersuchung all der Kinder, die an das Psychiatrische Institut des Staates New York in den letzten zehn oder fünfzehn Jahren überwiesen worden waren, wurden in dem Artikel »Ergebnisse und Folgerungen des Tic-Syndroms« (1946)[8] zusammengefaßt. Wir hatten nämlich herausgefunden, daß einige dieser Tic-Kranken, ob sie nun ihr Tic-Syndrom später im Leben noch hatten oder nicht, in der Pubertät psychotisch wurden.

Dieses Ergebnis wiederum regte mein Interesse an der Beziehung zwischen der Motilität – die Freud als eine der Hauptfunktionen des Ichs bezeichnet hatte – und den allgemeinen Ich-Funktionen an. Ich dachte darüber nach und fand als Erklärung, daß die ständige Bombardierung des Ichs durch die Tic-Krämpfe das Ich schwächen müßte. Das Ich konnte die Tic-Impulse nicht unter Kontrolle bringen. Sie entluden sich folglich in unwillkürlichen Bewegungen. Dieses geschwächte Ich erwies sich dann als unfähig, die neuen, belastenden Aufgaben der Pubertät zu bewältigen. Letztlich kam ich durch die ausgiebige Arbeit mit dem wunderbaren »Tic-Material« im psychiatrischen Institut auf mein Interesse an den Kindheitspsychosen zurück. Dieses Thema untersuchte ich zunächst mit Dr. John Ross und Dr. Zaira De Fries am Institut.[9]

Diese Vorarbeit über die Kindheitspsychosen fand ihren Niederschlag in einem Vortrag, den ich 1948 bei der Jahrestagung der amerikanischen orthopsychiatrischen Vereinigung hielt, in dem die Symptomatologie psychotischer Kinder untersucht und verglichen wurde. Diese konzentrierte und sorgfältige Studie stützte sich auf das ausführliche Fallmaterial, das ich im psychiatrischen Institut vorfand. Sie erschien unter dem Titel »Klinische Studien gutartiger und bösartiger Fälle von schizophrenieähnlichen Kindheitspsychosen«.[10] Ich war sehr erstaunt, als ich bei dem Treffen herausfand, daß mein Diskussionsteilnehmer niemand anders als Leo Kanner war – jene überragende Autorität auf dem Gebiet des frühen infantilen Autismus. Noch heute amüsiert mich die Erinnerung an die Art und Weise wie ich von Kanners Teilnahme an der Podiumsdiskussion erfuhr (damals wurden die Namen der Teilnehmenden nicht im voraus bekanntgegeben). Als ich zum Treffen kam begrüßte mich Dr. William Langford im Foyer und sagte: »Margaret, ich habe gehört, Du hast ein klassisches Papier geschrieben.« Als meine einzige Antwort ein »Oh« war fügte er hinzu: »Weißt Du, wer mit Dir auf dem Podium sitzt? Kanner, und Kanner selbst hat es mir gesagt (daß das Papier ein Klassiker ist).« Ich glaube, ich hätte damals die Psychoseforschung nicht weitergeführt, wenn ich nicht das große Interesse gespürt hätte, das dieser versuchsweise entstandene Vortrag bei einem so hervorragenden Kollegen wie Kanner ausgelöst hatte. Er hat mich auf dem Treffen sehr ermuntert und meinte, diese Arbeit stelle den ersten Versuch dar, die Dynamik der Kindheitspsychosen zu verstehen. Er gab mir den Wink, noch sorgfältiger auf die Eltern dieser Kinder zu achten.

Es sei hier daran erinnert, daß damals – in den vierziger Jahren – sowohl in den Vereinigten Staaten wie auch in Europa heftiger Widerstand gegen die Behauptung geleistet wurde, daß kleine Kinder den Psychosen vergleichbare Erkrankungen entwickeln könnten – und das trotz Kanners Untersuchungen über den »frühkindlichen Autismus« und Lauretta Benders bahnbrechender Arbeit. Der Widerstand war zum großen Teil emotional, die Leute wollten einfach nicht glauben, daß kleine oder sogar schulpflichtige Kinder Störungen in der Größenordnung einer Psychose entwickeln konnten. Im Wissen um die Hintergründe und um die Art des Widerstands begann ich meine Gedanken über Kindheitspsychosen von einem dynamischen psychoanalytischen Ansatz her zu skizzieren. Und deshalb bedeutete mir Kanners enthusiastische Reaktion auf meine Präsentation im Jahre 1948 auch so viel.

Diese aufblühenden Forschungsinteressen gingen Hand in Hand mit der Befriedigung, die ich in der Klinik durch meine neue Position am Psychiatrischen Institut erhielt. Ich hatte große Freude an der Arbeit mit den jungen Patienten, die zu mir kamen wie Enten zum Wasser. Immer wenn ich mit einem Kind arbeitete, konzentrierte sich dieses Kind ganz und gar auf mich, unabhängig davon, ob noch jemand anwesend war. Das Kind spürte, daß wir eine besondere Bindung aneinander hatten – ich zögere mit dem Wort »symbiotisch«, denn das würde bedeuten, die weitverbreitete, falsch verstandene Bedeutung dieses Wortes zu übernehmen.

Außer jenen gelegentlich vorkommenden Fällen, in denen das Kind äußerst gestört war, hielt unsere Bindung die Integrität und Intensität unserer dyadischen Interaktion aufrecht. So konnte ich mit dem Patienten unabhängig von der Zahl anwesender Beobachter arbeiten. Mit dieser quasi durch Osmose von meinem Lehrer Aichhorn angeeigneten Technik, durch die sich die Kinder wohl und unbefangen fühlten, verblüffte ich die Mitglieder des psychiatrischen Instituts (wie auch Kollegen von außerhalb), wenn ich die kindlichen Patienten einem großen Auditorium vorstellte. Unter diesen Umständen spürten die Kinder, daß die anderen Anwesenden nicht so recht zählten. Ihre unmittelbare Bezogenheit auf mich nahm sie so weitgehend gefangen, daß sie sich nicht wirklich einer Zuhörerschaft ausgesetzt fühlten. Sie vergaßen alle anderen außer mir. Gleichwohl haben andere diese Ansicht nicht geteilt. So erzählte damals Marion Kenworthy ihren Sozialpädagogikstudenten an der New Yorker Schule für Sozialpädagogik von jener Flüchtlings-Kinderpsychiaterin im psychiatrischen Institut, die die armen Kinder vor einem gefüllten Auditorium zwang, auf Fragen zu antworten und sie zur Schau stellte. Später änderte sie offenbar ihre Meinung, denn sie wurde eine gute Freundin und unterstützte sogar finanziell den von mir an der Mastersschule gegründeten therapeutischen Kindergarten.

Meine verschiedenen beruflichen Aktivitäten nahmen mich und meine Zeit schnell sehr in Anspruch, so daß die Erinnerungen an mein Privatleben in den Jahren unmittelbar nach der Emigration notwendigerweise recht dürftig ausfallen. Kurz nachdem ich in Amerika angekommen war, kümmerte ich mich um die Emigration meiner Freundin aus der Kinderzeit in Sopron, Vera Farkas Hart und ihrer Tante. Veras Eltern waren enge Freunde der meinen (ihr Vater war ein hoher Militärarzt) und wir hatten viele

Sommer in Sopron verbracht. Nach ihrer Ankunft in den Vereinigten Staaten kam Vera als Haushälterin zu uns und brachte sofort die nötige Ordnung in unseren Alltag. Ich war und blieb eine sehr untalentierte Hausfrau, was sicher in nicht geringem Maße auf meiner Mutter lebenslange Behauptung, daß ich kein Talent für den Haushalt hätte, zurückzuführen war, wie auch ihre schauerlichen Voraussagen, wie sehr ich später darunter zu leiden haben würde. Vera war im täglichen Leben eine großartige Hilfe für mich. Für ihre Unterstützung und Freundschaft während jener schwierigen Übergangsphase nach meiner Ankunft bin ich ihr noch heute dankbar.

Natürlich war ich weiterhin während der gesamten Kriegsjahre um das Schicksal meiner Familienmitglieder besorgt. Meine Schwester Suzanne, völlig ihren Musikstudien hingeben, weigerte sich standhaft Wien nach dem Anschluß zu verlassen. Als sie schließlich genug gelitten hatte, ging sie heimlich nach Budapest, wo sie von der Familie ihrer besten Freunde, von Professor Tokacs und seiner Frau aufgenommen wurde. Aufgrund der Güte dieser Leute, die den Autoritäten schworen, daß Suzanne eine Schwester von Frau Tokacs sei, gelang es ihr, der Verfolgung zu entgehen. Nach dem Krieg kehrte sie nach Wien zurück und verfolgte weiter ihre musikalische Karriere.

Das Schicksal meiner Eltern ist unendlich viel trauriger. Um die Zeit des Anschlusses herum wollte meine Mutter unbedingt Paul und mir nach Amerika folgen – aber es kam nicht soweit. Mein Vater starb einen Monat vor dem deutschen Einmarsch in Ungarn 1944. Um die Zeit seines Todes herum erhielt meine Mutter dringende Botschaften des Bürgermeisters von Sopron, der sie drängte mit der Pflegerin meines Vaters über die Grenze zu gehen. Aber meine Mutter weigerte sich den Ernst seines Drängens zu erfassen. Sie war immer eine gehorsame Bürgerin gewesen und sie konnte damals nicht glauben, daß man ihr irgendetwas antun könnte. Ein Jahr später kam sie in Auschwitz um.

Es ist eine tiefe und schmerzhafte Ironie, daß meine Eltern ein völlig anderes Schicksal hätten haben können. Mein Vater – dies zur Erinnerung – war nicht nur der führende öffentliche Gesund-

Caroline Zachry, die 1939 das Zachry Institut für die menschliche Entwicklung gründete und von 1942 bis zu ihrem Tod 1945 Direktorin des Zentralbüros für Kinderberatung der New Yorker städtischen Erziehungsverwaltung war. Sie freundete sich kurz nach Mahlers Ankunft in den Vereinigten Staaten im Herbst 1938 mit Mahler an. Sie nahm Mahler in die Belegschaft ihres Instituts auf und stellte sie auch dem Kinderarzt Benjamin Spock vor. *(Aus Margaret S. Mahlers Nachlaß)*

Mahler erholt sich 1945 in Brookfield, Connecticut. In diesem Sommer erfuhr sie von der Verschleppung und dem Tod ihrer Mutter in Auschwitz. *(Aus Margaret S. Mahlers Nachlaß)*

heitsbeamte von Sopron, der viele staatliche Ehrungen erhalten hatte, sondern auch ein einflußreiches Mitglied der jüdischen Elite von Ungarn, der Präsident der jüdischen Gemeinde von Sopron und der führende Initiator und finanzielle Unterstützer des wunderschönen jüdischen Altersheims der Stadt. Daher wurden meine Eltern lange vor meines Vaters Tod die nötigen Immigrationsvisa und eine Einladung zur Neuansiedlung in Palästina zugesandt. Tragischerweise fand die Einladung mit den Visa nie den Weg zu meinen Eltern. Meine Schwester fand diese Dokumente nach dem Krieg in Budapest. Sie waren nie in unser Dorf weitergeleitet worden.[11]

Trotz der beruflichen Unterstützung und Vera Harts freundschaftlicher Hilfe erinnere ich mich an die frühen und mittleren vierziger Jahre wie an einen langen Alptraum, was mit dem unsicheren Schicksal meiner Schwester und meiner Eltern zusammenhing. Durch einen amerikanischen GI, den ich kennengelernt hatte, konnte ich regelmäßig alle möglichen Dinge schicken, auch leichte Kleidung für meine Schwester, für die ich gleichwohl ambivalente Gefühle hegte, was daran lag, daß es ihr nicht gelungen war, die notwendigen Schritte zur Rettung unserer Mutter zu unternehmen. Während des Kriegs hatten meine Schwester und ich keinen direkten Kontakt, den nahmen wir erst später wieder auf. Beim Ausbruch des Kriegs hörte ich manchmal, wenn auch über vier Ecken, einiges über meine Eltern. Frau Merta Bloss hatte Kontakt mit Verwandten in Schweden, die wiederum Kontakt mit ihren eigenen Eltern in Ungarn hatten und ihre Eltern hörten ab und zu etwas von meinen Eltern, was mir dann schließlich wieder zugespielt wurde.

In den frühen vierziger Jahren merkte ich bald, daß ich die erstickende städtische Umgebung New Yorks nicht Woche für Woche ertragen könnte. Ich brauchte eine Rückzugsmöglichkeit auf dem Land, um mich zumindest an den Wochenenden, an denen mein Terminkalender es erlaubte, zurückzuziehen. Ich weiß noch wie erschüttert ich war, als ich beim Suchen nach einer Zweitwohnung auf das damit verbundene verborgene Rassenproblem stieß: Juden durften sich nur außerhalb bestimmter Gebiete

Sommerhäuser kaufen. Nie zuvor waren mein Mann und ich auf diese Einschränkung gestoßen, ich war ein Mitglied jener Eliteschicht der ungarischen Juden, die bei den anderen Nichtjuden immer sehr geachtet wurde.
Trotz dieses unsympathischen Zugs des amerikanischen Gesellschaftslebens machte ich mich gemeinsam mit unseren Freunden Esther und William Menaker auf die Suche nach einem Sommerhaus. Die Menakers fanden dann als erste etwas. Sie entdeckten eine Anzeige für ein attraktives Studio in Brookfield, Connecticut und mieteten es. Großzügig stellten sie es auch Paul und mir in der Erwartung zur Verfügung, daß ich die Fahrt von und nach Brookfield übernähme. Von uns vieren hatte nur ich ein Auto und war obendrein eine erfahrene Fahrerin. Eine Zeitlang planten die Menakers und Mahlers den gemeinsamen Kauf eines Sommerhauses. Wenn auch der Plan nie Wirklichkeit wurde, so verbrachte ich doch so manches Wochenende mit der ernsthaften Suche nach einem Haus für uns vier. Als ich schließlich nahe dran war, den ganzen Plan für ein Sommerhaus aufzugeben, stieß ich auf ein wunderschönes rotes Haus mit Lebkuchendekoration, das genau zu Paul und mir paßte. Das Haus mit einem gut 2000 Quadratmeter großen Grundstück war für die damals gewaltige Summe von 5.000 Dollar zu haben – die konnte ich mir gerade leisten. So habe ich 1944 mein Sommerhaus in Brookfield gekauft.
Obgleich dieses Haus in Brookfield nur ein bescheidenes Heim war, stieß meine Kaufentscheidung bei meinem Mann zunächst auf Widerstand – denn ich hatte die Entscheidung allein getroffen und das Haus auch mit meinem eigenen Geld gekauft. Paul war ganz einfach kein Naturmensch, kein Landmensch so wie ich. Er war in jeder Hinsicht ein typischer Wiener. Als wir 1936 heirateten, waren wir beide schon durch unseren jeweiligen beruflichen Alltag festgelegt. Beide liebten wir die Musik – er bestand darauf in Konzerte zu gehen und war der »Konservenmusik« gegenüber sehr intolerant – hatten aber ansonsten verschiedene Hobbys und Interessen. Er war beispielsweise ein ausgezeichneter, ja sogar ein preisgekrönter Bridgespieler, während

mich Kartenspiele kein bißchen interessierten. Auf der anderen Seite hatte ich große Freude am Gärtnern rund um unser Häuschen in Brookfield und er fand nie Gefallen daran. Jedenfalls war es für Paul mit seiner anstrengenden Arbeit in der Stadt im Sommer 1944 äußerst schwierig öfter nach Brookfield zu kommen, so daß ich in unserem ersten Sommer dort viele Wochen allein war.

Ein Jahr nachdem ich mein Haus in Brookfield gekauft hatte, erhielt ich im Sommer 1945 die Nachricht von der Deportation meiner Mutter nach Auschwitz, wo sie von den Nazis ermordet worden war. Mein guter Freund, der Bildhauer Beni Ferenczy, teilte mir das Schicksal meiner Mutter in einem sehr mitfühlenden Brief mit. Wenn ich mein Privatleben in den Jahren nach meiner Ankunft in den USA überdenke, so fällt mir als erstes der lange und schmerzhafte Trauerprozeß ein, der auf die Nachricht vom Tod meiner Mutter hin einsetzte. Ich war außer mir, als ich davon hörte, ich war nach wie vor mit meiner Mutter sehr verstrickt, auch wenn – oder vielleicht weil – ich verstand, daß sie mich als kleines Kind schlecht behandelt hatte. Nach der Todesnachricht fiel ich in eine tiefe Depression und fuhr tagelang im Auto durch die schöne Landschaft von Brookfield. Der einzige Mensch, dem ich mich anvertraute, war Edith Jacobson, die sich ein Sommerhaus auf Long Island gekauft hatte, kurz nachdem ich das unsere in Brookfield erstanden hatte.

Edith Jacobson wurde damals sehr wichtig für mich. Ich erinnere mich an ausgedehnte Gespräche mit ihr, als sie gerade die Arbeit an ihrem wichtigen Buch »Das Selbst und die Welt der Objekte« (1964) begann (deutsch 1973). Zu Anfang unserer Gespräche hatte ich noch kein Verständnis für das Konzept der Repräsentanz, war also gewissermaßen ein »Versuchskaninchen«. Sie brachte mir die Bedeutung des Konzepts bei; im Verlauf dieses Prozesses fing ich an, sie sehr zu bewundern. Als ich mit gewissen Konflikten über meinen Platz in der neuen Welt der amerikanischen Psychoanalyse konfrontiert wurde, begann ich eine Analyse bei ihr. In einem wesentlichen Punkt hatte Edith Jacobson größeren Erfolg bei mir als mein Wiener Analytiker Willi

Hoffer: sie arbeitete mit mir die Tendenz zu paranoiden Ideen durch und half mir schließlich dabei, sie gänzlich loszuwerden. Während unserer analytischen Arbeit entdeckte ich zu meinem Erstaunen, daß Edith Jacobson Aggression nicht tolerierte. Es erstaunte mich, weil sie doch als Autorität auf dem Gebiet der Depression galt. Tatsächlich verhielt sie sich gegenüber dem Ausdruck von Aggression ziemlich bestrafend, und es ist wahrscheinlich kein Zufall, daß sie einer Reihe ihrer Patienten, von denen ich allein drei kenne, die Behandlung durch Elektroschocks nahelegte.

Wenn ich auf mein erstes Jahrzehnt in Amerika zurückblicke, wird der Schmerz des persönlichen Verlusts durch die Freude an zunehmender beruflicher Erfüllung gemildert. In Wien hatte ich mich anderthalb Jahrzehnte im Schatten der Titanen abgerackert. Eingeschüchtert von Anna Freud und zeitweilig auch von Helene Deutsch und dem Wiener Psychoanalytischen Institut generell, war ich in eine Sackgasse geraten: ich fand keine Möglichkeit, die entwicklungsgeschichtlichen und klinischen Einsichten, die ich damals erahnte, auszudrücken. Zwischen 1925 und 1938 war meine Kreativität schier am Ersticken. Dieses Gefühl drückt sich zweifelsohne in der offenkundigen Magerkeit meiner Veröffentlichungen in diesem Zeitraum aus. Von 1929, als ich meinen letzten voranalytischen Beitrag zur pädiatrischen Literatur leistete[12] bis 1941 als ich meine ersten Ausflüge in die psychiatrische Literatur der USA machte[13] zeigt die Liste meiner Veröffentlichungen nur einen einzigen Eintrag: meine große Studie von 1938 über die Relevanz der Rorschachtest-Interpretation zum Verständnis der Psychologie hirngeschädigter Erwachsener, die ich gemeinsam mit Judith Silberpfennig (später Judith Kestenberg) veröffentlicht hatte.[14] Die Anspannungen der Emigration und Neuansiedlung in Amerika mobilisierten meine Kreativität. Sie brachten mich dazu, Ideen aus dem Winterschlaf zu wecken, die lange geschlummert hatten und führten mich dazu, sie mitzuteilen und aufzuschreiben. Für mich waren die Anstrengung der Emigration, so ernst und aufwühlend sie auch waren, gleichzeitig Vorboten eines gesunden »Neubeginns« (Michael Balint). Sie kennzeichneten den Wegfall des Statusstempels einer ewigen Studentin, die das ehrfurchtgebietende Wiener Psychoanalytische Institut – wie unbeabsichtigt auch immer – jungen Analytikern aufdrückte. Die Trennung vom Wiener Psychoanalytischen Institut war sicher schmerzhaft, aber sie war auch befreiend und aufbauend.

Ich möchte noch klarstellen, was an dieser Trennung befreiend war. Es lag nicht nur einfach an den anstrengenden Begleitumständen der Emigration, daß meine Kreativität von neuem erwachte. Vielmehr war es so, daß mit den Belastungen neue Perspektiven kamen, frische Neugier, neue Möglichkeiten und neue Quellen lebensnotwendiger Unterstützung durch Kollegen. Nur in Amerika und nur durch die großartige berufliche Ermutigung, die mir in Amerika zuteil wurde, bekam ich das Gefühl nicht mehr länger im Schatten der Titanen zu arbeiten. Wäre ich nicht nach Amerika gekommen, wo ich mich frei genug fühlte, versuchsweise Einsichten zu formulieren, auf die ich intuitiv gestoßen war, hätte ich wenig erreicht. Ich hätte nie mit dem Veröffentlichen, dem Lehren, dem Forschen angefangen. Denn man kann nicht schöpferisch tätig werden, wenn man kein zustimmendes Echo findet, sondern einfach nur übergangen wird, so wie es mir in Wien passierte. Schöpferisch tätig sein heißt schließlich, daran zu glauben, daß das, was man sagt, wichtig ist.

7 *Berufliche Erfüllung*

Ungefähr 1950 wurde der analytische Bereich im New Yorker Psychiatrischen Institut von Sandor Rado und seiner Gruppe eingenommen. Ich erfuhr, daß viele Mitglieder zu Nolan Lewis gingen und ihn vorsorglich baten, meinen Status zu sichern. Ich blieb noch eine Weile, aber da mir der wachsende Einfluß der Rado-Gruppe immer mehr zu schaffen machte, entschloß ich mich, nach einer anderen Arbeitsmöglichkeit zu suchen.

Bis 1949 hatte meine psychoanalytische Arbeit zwei Schwerpunkte. Der eine umfaßte meine Tic-Studien, einschließlich des symptomatischen Tics und des Tic-Syndroms bei Kindern.[1] Der andere betraf die Forschungen auf dem Gebiet der Kindheitspsychosen. Mein Vortrag vor der Amerikanischen Orthopsychiatrischen Vereinigung 1948 stellte hier einen wichtigen Schnittpunkt dar. So war 1950 eine gute Zeit, den Arbeitsplatz zu wechseln und mich auf die Veränderung sowohl des Arbeits- wie auch des Forschungsschwerpunkts zu konzentrieren. Die Tic-Forschung, die mich während der vierziger Jahre beschäftigt hatte, war zu Ende gegangen und die beiden Assistenten, die mir dabei geholfen hatten, Dr. Jean Luke und Dr. Wilburta Daltroff, hatten ihre Ausbildung am Psychiatrischen Institut abgeschlossen. In diesem Zusammenhang erfuhr ich von dem neu eingerichteten Albert Einstein College für Medizin. Als Dr. Milton Rosenbaum mich bei einem seiner Besuche in New York formell einlud der Einstein-Fakultät beizutreten, sagte ich mit Freuden ja.

Ich fing bei Einstein an, noch bevor Rosenbaum von Cincinnati nach New York umgezogen war. Damals hatte das bereits fertiggestellte Einstein Jacobi Hospital noch keine Patienten. Da das Programm für die Einstein-Fakultät noch nicht festgelegt war, entwickelte sich die genaue Struktur meiner Verantwortlichkeiten im Verlauf mehrerer Monate quasi aus dem Stegreif. Der Chef der Abteilung für Kinderpsychiatrie, Joseph Kramer, teilte mir mit, daß ich wieder Chefberaterin der Kinderabteilung werden sollte. Zudem sollte ich in der kinderpsychiatrischen Abteilung Konferenzen abhalten. Als das Hospital dann in Betrieb war, verbrachte ich einige Zeit auf den Stationen, besuchte bestimmte Kinder und besprach verschiedene Probleme mit der sehr tüchtigen Oberschwester. Einmal monatlich, donnerstags, hielt ich eine formelle Fallbesprechung ab.

1950 begann ich auch meine Lehrtätigkeit nach Philadelphia auszuweiten. Dort hatte man mir den Vorsitz des Ausbildungsprogramms für Kinderanalyse an einer Abteilung des zuvor aufgespaltenen Psychoanalytischen Instituts von Philadelphia angeboten. Ich habe das Angebot von LeRoy M.A. Maeder sehr genau studiert, denn es ging ja nicht nur um eine größere pädagogische Verantwortung, sondern bedeutete auch, daß ich regelmäßig die Mühen einer Reise nach Philadelphia auf mich nehmen müßte. Ich nahm das Angebot an, zum einen weil ich eine passionierte Lehrerin bin, aber auch weil ich von der Situation in New York enttäuscht war, wo Konflikte und Streitereien über den Vorsitz der kinderanalytischen Abteilung weiterhin das New Yorker Psychoanalytische Institut plagten. 1950 hatte eindeutig Bertha Bornstein den Vorsitz inne. Sie war eine erstklassige Person, mit der jeder – besonders ich – Schwierigkeiten hatte.

Ab Herbst 1950 fuhr ich also jedes zweite Wochenende nach Philadelphia und blieb dort von Freitag nachmittag bis Sonntag nacht oder Montag morgen. Am Freitag abend hielt ich ein Seminar über Kinderanalyse ab, an den Samstagmorgen gab ich Supervisionsstunden für ausgewählte Kandidaten und später noch ein Fortgeschrittenenseminar. Trotz dieser Bemühungen benötigte das Philadelphia Institut dringend weitere Lehrkräfte. Um dieser Situation zu begegnen, gründete ich etliche Jahre nachdem ich den Vorsitz übernommen hatte, ein regelmäßiges Supervisionsseminar, in dem ältere Kandidaten des Instituts Anfänger supervidierten. Das funktionierte so: der erste Fall eines neuen Kinderanalysekandidaten wurde zunächst direkt von mir, doch der zweite Fall wurde dann von einem älteren Kandidaten supervidiert, der wiederum Supervision bei mir hatte. Am Anfang des Programms übernahmen vor allem Selma Kramer und Calvin Settlage die Verantwortung für diese Supervisionen. Später wurde dieses pädagogische System von der gesamten Amerikanischen Psychoanalytischen Vereinigung übernommen, wo es als »Hukkepack«- Supervision bekannt wurde.

Die ganzen fünfziger Jahre lang fuhr ich regelmäßig nach Philadelphia, um mit den Kandidaten der Kinderanalyse zu arbeiten. Diese befriedigende Arbeit setzte ich auch in den sechziger Jahren fort, wenngleich aufgrund meines Zeitplans mittlerweile die Kandidaten nach New York fuhren, um mit mir zu arbeiten und nicht mehr anders herum. Die meisten Kandidaten, die unter meinem Vorsitz in Philadelphia ausgebildet wurden, machten ihren Abschluß im Kinderanalysebereich. Zu den ersten Kandidaten, die nun im ganzen Land praktizieren, gehören so berühmte Namen wie James Delano, Stewart Finch, Saul Harris, Calvin Settlage und Selma Kramer.

Dem Psychoanalytischen Institut von Philadelphia und ganz besonders dem Bereich der Kinderanalyse gehören ohne verlegen zu werden meine Freude und mein Stolz. Denn dort habe ich, so glaube ich, sehr viel zur Ausbildung der besten Kinderanalytiker der gegenwärtigen Generation beitragen können. Natürlich, und das braucht man auch nicht zu leugnen, waren viele dieser Leute sogenannte Naturtalente. Aber es läßt sich doch wohl annehmen, daß sie mit einer weniger antreibenden und die Wege ebnenden psychoanalytischen Lehrmutter sich weder so schnell noch so gut entwickelt hätten.

Während 1950 meine Lehraktivitäten ein wunderbares Betätigungsfeld im Institut von Philadelphia fanden, entfalteten sich meine Forschungsaktivitäten weiterhin in New York. Aufgrund meines wachsenden Interesses an Kindheitspsychosen gründeten Manuel Furer und ich am Einstein College einen therapeutischen Kindergarten für psychotische Kinder. Furer hatte ich bereits früher kennengelernt, weil ich zu den Interviewern gehörte, die über seinen Eintritt ins New Yorker Psychoanalytische Institut

Mahler um 1950, als sie zum Stab des kurz zuvor gegründeten Albert Einstein Colleges für Medizin stieß und den Vorsitz des kinderanalytischen Ausbildungsprogramms im Psychoanalytischen Institut von Philadelphia annahm. *(Aus Margaret S. Mahlers Nachlaß)*

entschieden. Er trat kurz nach mir ins Einstein College ein, unsere fruchtbare Zusammenarbeit während vieler Jahre bezeugt unsere geistige Verwandtschaft. Mit unserem therapeutischen Kindergarten am Einstein College wollte ich die Arbeit über Kindheitspsychosen, die ich beim Psychiatrischen Institut des Staates New York begonnen hatte, fortführen. Furer und ich lernten durch diesen Kindergarten viel über die Behandlung von Kindheitspsychosen. Unsere Erfahrungen faßten wir in unserem gemeinsamen Vortrag vor der kinderpsychiatrischen Sektion des ersten panamerikanischen medizinischen Kongresses in Mexiko City im Mai 1960 zusammen. Diese Arbeit wurde noch im selben Jahr in »Psychoanalytic Quarterly« abgedruckt.[2]

Hier sollte ich wohl doch anmerken, daß diese Arbeit von 1960 zwar die erste systematische Beschreibung der symbiotischen Beziehung darstellte, daß aber die symbiotische Natur des Menschen bereits in einer Fußnote der 1949 mit Ross und De Fries veröffentlichten Arbeit über gutartige und bösartige Fälle von Kindheitspsychosen Erwähnung fand. Dort hatte ich behauptet, daß ein bestimmter Typus von Kindheitspsychosen in der zweiten Hälfte des ersten Lebensjahres und im zweiten Lebensjahr auftauchen scheint, während ein anderer Typus erst etwas später entsteht. Schon damals hatte ich die Idee, daß die psychologische Geburt nicht gleichzeitig mit der biologischen stattfindet, und diese Idee, das muß ich betonen, hatte ihre Wurzeln in meiner kinderärztlichen Erfahrung in Wien. Als Chefin einer großen kinderärztlichen Ambulanz in den frühen Dreißigern hatte ich das Gefühl, daß die normalen Säuglinge, die die Mütter uns brachten, wie in einer Art Dämmerzustand keinerlei Dasein außerhalb des symbiotischen Bereichs, der zu ihrem Selbst zu »gehören« schien, wahrnahmen.

Aber ungeachtet der intellektuellen Vorfahren meiner Idee vom »symbiotischen Syndrom« entschlossen Furer und ich uns erst 1955 ein Stipendium beim nationalen Institut für seelische Gesundheit zu beantragen. Dies geschah aus der Überzeugung heraus, daß unser therapeutisches Kindergartenprojekt wesentliche Einsichten über wichtige Entwicklungsthemen liefern könnte.

Wir wollten die Entwicklung der symbiotischen Kindheitspsychosen studieren. Das Nationale Institut für seelische Gesundheit zeigte sich unserer therapeutischen Arbeit gegenüber recht aufgeschlossen und war besonders offen für analytisch inspirierte Forschung, die sich mit Entwicklungsabläufen befaßte. Dr. Morton Reiser hatte mir nicht nur den Tip für den Auftrag an das Nationalinstitut gegeben, sondern half mir auch sehr viel bei der Bearbeitung des Stipendienantrags. Ich wußte, ich würde Fragen wie »Was wollen Sie herausfinden und mit welchen Methoden?« nicht beantworten können. Tatsächlich führte meine Beschäftigung mit genau diesen Fragen zu einer Verzögerung meiner Anträge auf Forschungsstipendien von zehn Jahren! Wenn ich wüßte, was ich herausfinden wollte, noch dazu mit welchen Methoden – so dachte ich – wäre ich doch gar nicht an der Forschung interessiert. Dies war – gelinde gesagt – eine doch etwas kurzsichtige Auffassung von Forschungsanträgen!
Jedenfalls habe ich mit Reisers Hilfe die Bewerbung geschrieben und man sehe und staune: Furer und ich erhielten das Stipendium. Zum Erstaunen und Ärger meiner Kollegen am Einstein College machten wir eine Kehrtwendung und gaben das Forschungsgeld dem Nationalinstitut 1956 zurück! Was war passiert? Langer Rede kurzer Sinn: als Furer und ich über die Methoden und die institutionelle Einrichtung nachdachten, die uns unseren Fragen näherbringen sollte, wurde klar, daß das Einstein College ein solches Forschungsprojekt nicht unterstützen könnte. Die Institution steckte damals noch in den Kinderschuhen, und unser Forschungsvorhaben hätte eine übermäßige Last für das Institut wie auch die Mitarbeiter bedeutet. In diesem Stadium seiner Existenz sah das Einstein College zu recht seine Hauptaufgabe in der Unterrichtung der Studenten. Unser Forschungsprojekt – so nahmen wir an – hätte die Effizienz des Colleges als eben flügge gewordene Lehreinrichtung beeinträchtigt. Außerdem schreckten mich die administrativen Vorschriften ab, die das Betreiben eines eigenen Kindergartens in einer akademischen Umgebung behindern würden. Die Mütter, die mit ihren Kindern am Projekt teilnehmen würden, könnten sich wohl kaum wohlfühlen, wenn ich

bei jedem Glas Tomatensaft, das sie trinken wollten, erst ein Formular ausfüllen müßte.

So erklärte ich Milton Rosenbaum, daß ich das Stipendium zurückgeben wollte und zwar nicht, weil ich irgendwelche Beschuldigungen zu machen hätte, sondern weil das Einstein College meinem Gefühl nach, sich weiterhin ganz dem Unterricht für die Studierenden widmen sollte. Er reagierte voller Entsetzen: »Margaret, man schickt kein Geld zurück!« Worauf ich antwortete: »Milt, ›man‹ macht das vielleicht nicht, aber ich«. Zum Glück verstand Sybil Escalona, die gerade beim Einstein College angefangen hatte, meine Gründe, und so unterstützte sie mich bei dem Versuch Rosenbaum für unsere Sicht der Dinge zu gewinnen. Wir zwei taten uns dann zusammen und schrieben einen sehr freimütigen Brief an das Nationalinstitut, worin ich so ehrlich wie möglich erklärte, warum ich die Forschung, die sie finanzieren wollten, nicht durchführen könnte. Als ich dieses großzügige Stipendium ausschlug, für das ich gleichwohl sehr dankbar war, dachte ich, daß ich nie wieder auch nur einen Pfennig Geld vom Nationalinstitut erhalten würde. Der therapeutische Kindergarten blieb also weiterhin ein Luftschloß.

Doch kurz darauf passierte etwas typisch amerikanisches – im besten Sinne des Wortes. 1956 landete die Masters Schule in der Horatio Straße 75 einen unerwarteten Glückstreffer, indem ihr zwei wunderschöne Gebäude in Greenwich Village zufielen. Die Gebäude waren der Schule von einem ehemaligen Schüler geschenkt worden. Beide Gebäude waren bereits als Kindergärten ausgestattet und das Direktorium der Schule wußte gar nicht, was es damit anfangen sollte. Da hörte die Schulverwaltung über Frau Margaret Freed, daß Dr. Furer und ich einen therapeutischen Kindergarten gründen wollten, der sich wunderschön in diese beiden Gebäude einfügen ließe. Sie kamen auf uns zu, fragten uns aus und machten ein Angebot – mit dem allerdings keine bedeutenden finanziellen Zuwendungen von seiten der Schule verbunden waren.

Die in Frage kommenden Gebäude waren tatsächlich ideal für unsere Zwecke. Sie befanden sich nicht in einer akademischen

Umgebung und so gab es keine Verwaltungsvorschriften dieser Art zu beachten. In diesen Häusern konnten die Mütter in einer relativ natürlichen Weise Mütter bleiben. So haben Furer und ich ohne weitere Überlegungen das Angebot angenommen und das therapeutische Kindergartenprojekt vom Einstein College weg in die beiden Häuser nach Greenwich Village verlagert. Wir nannten es das Masters Kinderzentrum.

Die ungenügende Finanzierung erwies sich als problematisch. Zwar begrüßte das Direktorium der Masters Schule, daß wir die beiden Gebäude nutzten, aber sie waren nicht bereit Geld zu geben – ganz sicher nicht das Geld ehemaliger Schüler oder Verwaltungsmitglieder! – damit das Zentrum seinen Alltagsbetrieb aufnehmen konnte. Zum Glück traten einige einflußreiche Vorstandsmitglieder, darunter Mary J. Crowther, die damals auch in der Redaktion von »Psychoanalytic Quarterly« saß und Jessen Stanton, der in Kindergartenkreisen sehr berühmt war, zu unserer Verteidigung auf. Sie fanden die Kleinlichkeit der meisten anderen Mitglieder unserem wertvollen Projekt gegenüber erschreckend. So kam es, daß von 1957 bis 1959 die großzügige moralische Unterstützung aus dem Vorstand durch gewichtige finanzielle Unterstützung ergänzt wurde.

Tatsächlich hatte das Masters Kinderzentrum trotz der widerwilligen Unterstützung der Masters Schule in den ersten Jahren finanziell zu kämpfen. Ich zweifle, ob Furer und ich weitergemacht hätten, wenn wir nicht ermutigt worden wären, uns noch einmal beim Nationalinstitut für seelische Gesundheit um ein Stipendium zu bewerben. Das taten wir 1959. Zu unserem Erstaunen erhielten wir das Fünfjahresstipendium, das wir bereits früher beantragt hatten und das obwohl wir nun einer Institution angeschlossen waren, die dem Nationalinstitut völlig unbekannt war. Natürlich wußten wir mittlerweile genau, daß wir die natürliche Entstehung symbiotischer Kindheitspsychosen untersuchen wollten und wahrscheinlich veranlaßte auch mein bereits auf diesem Gebiet bekannter Name das Nationalinstitut dazu, uns das Geld zu geben.[3] Jedenfalls bot dieses Stipendium eine finanzielle Grundlage für eine Untersuchung, aus der sehr viele Artikel hervorgingen sowie schließlich 1968 mein Buch »Symbiose und Individuation. Psychosen im frühen Kindesalter« (deutsch 1972). Als der therapeutische Kindergarten vom Einstein College zum Masters Kinderzentrum umzog, hatten wir vier oder fünf schwer gestörte Kinder und ein psychotisches. Es zeigte sich bald, daß eine oder zwei Erzieherinnen sich ständig um das einzige psychotische Kind kümmern mußten. Diese Beobachtung bestärkte Furer und mich in der Auffassung, zu der wir bereits am Einstein College gelangt waren, daß sinnvolle Arbeit, gar nicht zu reden von Rehabilitation, mit psychotischen Kindern nur in einer Einzelbeziehung geleistet werden kann. Am Masters Kinderzentrum haben wir diese Erkenntnis in unsere Untersuchungsmethodik integriert, indem wir ein dreiteiliges System für die Therapie psychotischer Kinder schufen.

Das dreiteilige System bezog auch die Mutter in die Therapie des Kindes ein, ihre Anwesenheit war zumindest für den ersten Teil der Einzeltherapie vonnöten. Gleichzeitig wurde der Mutter ein Sozialarbeiter zur zusätzlichen Beratung zur Verfügung gestellt. Der gesamte Prozeß wurde von einem der beiden Senior- Kinderpsychiater supervidiert und beobachtet (das heißt Dr. Furer oder mir). Im Laufe der Supervision der Arbeit der Kindertherapeuten haben Dr. Furer und ich auch noch nach der ersten Behandlungsphase häufig die Mutter gebeten zu kommen und die Interaktion ihres Kindes mit dem Therapeuten zu beobachten. Das erwies sich als wirksame Art und Weise die Mutter in den Behandlungsprozeß einzubinden. Unsere Erwartung war, daß die Mutter durch Identifikation mit dem Kindertherapeuten im Verlauf der dreiteiligen Therapie zu jener Mutter werden könnte, mit der das psychotische Kind nun die relativ normale symbiotische Beziehung erleben könnte, die es in der frühen Säuglingsphase nicht hatte. Auf der Grundlage dieser symbiotischen Beziehung könnte das Kind dann wiederum langsam die Fähigkeit zur intrapsychischen Trennung und Individuation erwerben, das heißt metaphorisch gesprochen, es könnte sich selbst als abgetrennt und als individuell erfahren.

Bald nachdem wir diese dreiteilige Behandlungsmethode am

Masters Kinderzentrum eingeführt hatten, fragte ich mich folgendes: woher kommt es, daß die meisten Kinder das dritte Lebensjahr mit einem sicheren Gespür für ihre Ganzheit und Identität erreichen, während jene Kinder, denen das nicht gelingt (das heißt die präpsychotischen Säuglinge in unserer Kinderkrippe) nur einen winzigen Prozentsatz aller Säuglinge ausmachen? Das Ergebnis dieses Nachdenkens war eine Pilotstudie unter Vorsitz von Dr. Furer mit durchschnittlichen Müttern und ihren normalen Babys.[4] Furer und ich hielten es für äußerst wissenswert, Interaktionen zwischen Müttern und schwer gestörten Kindern in der »Psychosestudie« mit einer Kontrollgruppe normaler Mütter mit normalen Säuglingen zu vergleichen (das heißt Säuglingen, die eine normale Ich-Entwicklung und Identitätsausbildung aufwiesen). Mit einem kleinen Stipendium von der Field Stiftung stellten wir unsere erste Kontrollgruppe durch Mundpropaganda zusammen. Dabei hatten wir das Glück, daß sich in der Nachbarschaft unseres Zentrums eine Kinderkrippe befand. Wir luden Mütter aus der Nachbarschaft ein, ihre Säuglinge – anfänglich neun Monate oder älter vorbeizubringen. Wir sagten ihnen, daß uns die Entwicklung normaler Kinder interessiere und wir diese erforschen wollten.

Wir waren darauf gefaßt, daß wir den Müttern vielleicht bestimmte Anreize geben müßten, damit sie bei unserer Pilotstudie mitmachten, aber wie sich herausstellte, war dies vollkommen überflüssig. Es läßt sich leicht erklären, warum unsere Einladung auf so fruchtbaren Boden fiel: bei uns fanden die Mütter und ihre Kinder eine wunderbar natürliche Umgebung vor, wir hatten eine Spielstube, in der die Kinder herumtollen konnten, während die Mütter miteinander ins Gespräch kamen. Für die jungen, häufig einsamen Mütter war besonders die letzte Möglichkeit recht interessant, konnten sie hier doch andere Mütter treffen, die im gleichen Boot saßen, das heißt sie konnten durch uns gewissermaßen einem Mütterclub junger Frauen beitreten. Diese Frauen fanden den natürlichen Charakter ihrer Beteiligung an der Studie äußerst angenehm. Denn im Masters-Zentrum blieben sie autonome Mütter, das heißt sie konnten mit ihren

Kindern so umgehen und sie beaufsichtigen, wie sie es für richtig hielten. Sie mußten nicht einmal die Anwesenheit unserer Mitarbeiter zur Kenntnis nehmen. Gleichzeitig fanden sie es sicher gut, daß sympathische Fachleute ihnen jederzeit bei Problemen beistehen würden.

An diesem Punkt meiner Karriere begannen die Studien über die normale Kindheitsentwicklung den Vorrang vor den Untersuchungen über Kindheitspsychosen einzunehmen. Mich interessierte besonders der Loslösungs- und Individuationsprozeß als integraler Bestandteil der Entwicklung. Deshalb sollte ich hier vielleicht kurz innehalten, um über meine beiden Hauptbeschäftigungen und die Gründe, warum eine davon den Vorzug erhielt, zu reflektieren. In den vielen Jahrzehnten, in denen ich mich mit der Forschung und Therapie schwer gestörter Kinder befaßte, blieb mein Interesse an der normalen Entwicklung bestehen. Mein Hauptinteresse galt stets dem Prozeß, durch den ein durchschnittliches Menschenwesen zur getrennten »Einheit« mit persönlichen Identität wird. Vielleicht lag es daran, daß ich so lange und so gründlich beobachtet hatte, wie relativ wenig man tun kann, wenn ein Kind tatsächlich psychotisch geworden ist, daß ich schließlich an einem Punkt ankam, an dem ich meine entwicklungsgeschichtlichen und klinischen Erkenntnisse für das Verständnis der normalen Entwicklung nutzen wollte. Das Verständnis der normalen Entwicklung mit all seinen Folgerungen für primäre Prävention und frühe Intervention bietet der übergroßen Mehrheit der im Dienste seelischer Gesundheit stehenden Berufe große Möglichkeiten. Eine viel größere Zahl von in psychotherapeutischen oder sozialen Berufen Tätigen kann von der Kenntnis der normalen Entwicklung profitieren, als von der Kenntnis einer intensiven Langstreckentherapie eines einzelnen Kindes. Gewiß: ich hatte mehr als meinen Teil an intensiver langer Therapie mit schwer gestörten Kindern in Europa geleistet und aus dieser Arbeit sehr viel gelernt. Aber diese Erfahrung, das sei noch einmal gesagt, überzeugte mich davon, wie wenig man tatsächlich bei wirklich psychotischen Kindern erreichen kann. Ich er-

innere mich an einen meiner europäischen Patienten, einen kleinen Jungen namens Burli, der mir vollkommen psychotische Briefe noch viele Jahre nach seiner Behandlung schrieb.
Trotz meiner Bewunderung für Therapeuten wie meine Kollegin Anni Bergman, die intensiv und fruchtbar mit einem einzelnen Patienten über ein Jahrzehnt und länger arbeiten kann, muß ich doch sagen, daß ich persönlich nicht diese unendliche Geduld habe. Mein Hauptinteresse gilt auch nicht dieser Langzeitbeziehung mit einem einzigen Patienten. Für mich stand immer das allgemeine Problem der Identität und besonders die Art und Weise, wie man zu einem Gefühl seiner selbst kommt, im Vordergrund. Die Psychoseforschungen waren, für mich, immer der Ausgangspunkt, mehr über die Entstehung der Identität und eines Gefühles vom Selbst eines durchschnittlichen Kindes zu erfahren. Mit diesem Eingeständnis will ich nicht meine ursprüngliche Identität als Heilerin kompromittieren. Mich interessiert der therapeutische Prozeß vielleicht mehr als Freud oder sogar Anna Freud. Gerade wegen meiner Identität als Heilerin konzentrierte ich mich zunehmend auf den Bereich der normalen Entwicklung, denn nur aus diesem Wissen heraus können wir Strategien zur Vorsorge und frühen Intervention formulieren, die der Menschheit Hoffnung schenken. Aber als Heilerin mit einem ursprünglich therapeutischen Anliegen muß ich nicht unbedingt mein Leben mit der Erforschung der Heilungsvorgänge verbringen, die jene äußerst seltenen und tragischen Fälle kennzeichnen, die Kanner als »frühkindlichen Autismus« bezeichnete und die ich autistische Kindheitspsychose nenne.
Aufgrund all dieser Betrachtungen und Prioritäten wurde die Pilotstudie zum Vergleich schwer gestörter Säuglinge und ihrer Mütter mit normalen Säuglingen und ihren Müttern am Masters Kinderzentrum 1962 begonnen. Sie kennzeichnet den Anfang meines Übergangs von der Psychoseforschung zur Erforschung der normalen Entwicklung. Mit diesem Projekt fing ich an, mich systematisch mit der Hauptfrage, die mich seit je beschäftigt hatte, auseinanderzusetzen: welche Schritte führen den normalen Säugling aus dem Dämmerzustand der Symbiose zur Loslösung von

Oben: Auf diesem Photo vom 17. Kongreß der Internationalen Psychoanalytischen Vereinigung 1952 in Amsterdam steht Mahler zwischen zwei bedeutenden Lehrerinnen und Kolleginnen, Anna Freud (links) und Grete Bibring (rechts). *(Aus Margaret S. Mahlers Nachlaß)*

Unten: Mahler wird durch die Veröffentlichung der 1971 von John B. McDevitt und Calvin F. Settlage herausgegebenen Festschrift »Separation-Individuation: Essays in Honor of Margaret S. Mahler« geehrt. Neben ihr Judith Kestenberg, Abram Kagan (Verleger der International Universities Press) und Selma Kramer. *(Aus Margaret S. Mahlers Nachlaß)*

der Mutter und wie erreicht er das Gefühl, eine Einheit zu sein und das Gefühl einer Identität?
Zunächst haben die Mitarbeiter der Psychosestudie auch die Verantwortung für die ergänzende »normale« Studie übernommen: Herman Roiphe, Ann Heberle, Manuel Furer, Anni Bergman und ich als das ursprüngliche Team, hinzu kamen Edith Atkin, unsere hilfreiche teilnehmende Beobachterin, Emmogene Kamaiko, die später die Krabbelkindergruppe in der Studie über die normalen Kinder betreute und Laura Malkinson, die offizielle Photographin. Der Kinderpsychiater Dr. David Meyer wurde kurz darauf als Teilzeitkraft eingestellt, sein Gehalt wurde von der Nationalvereinigung für seelische Gesundheit bezahlt, die ihm auftrug, die Entwicklung der Intelligenz in der Gruppe der psychotischen Kinder, Säuglinge und Krabbelkinder mit jener in der Normalgruppe zu vergleichen. Dank des ursprünglichen Stipendiums der Field Stiftung, dem Stipendium von Dr. Meyer und bescheidenen Zusatzstipendien der Grant Stiftung sowie der Taconic Stiftung, konnten wir zwei sich ergänzende Projekte ausführen: das Projekt über die Kindheitspsychosen im oberen Stockwerk, und das »normale Projekt« im Erdgeschoß. Das letztere wurde bald, in Anlehnung an den von mir geprägten Ausdruck, als das »Loslösungs-Individuations-Projekt« bekannt.
Vielleicht sollte ich erwähnen wie es zu dem Begriffspaar Loslösung und Individuation kam. 1954 trug Bert Gosliner der New Yorker Psychoanalytischen Gesellschaft eine von uns beiden gemeinsam erarbeitete Arbeit vor.[5] Wir beschrieben darin einen Tic-Patienten, einen Jugendlichen der an multiplen Tics sowie Tic-Anfällen litt und der zugleich in eine symbiotisch-parasitäre Beziehung mit seiner Mutter verstrickt war. Er bat seine Mutter näherzukommen, stieß sie aber, sobald sie es tat, körperlich zurück. Wir nahmen diesen Fall als pathologisches Beispiel und beschrieben dann, wie das normale Baby Schritt für Schritt eine lebensfähige Identität aufbaut und ein Gefühl seiner Selbst als eigenständigem Wesen entwickelt. In der nachfolgenden Diskussion dieses Vortrags fragte uns Annemarie Weil, warum wir nicht den ganzen Prozeß der ja mit Loslösung und Individuation zu tun

hatte, als »Loslösungs-Bindestrich- Individuationsprozeß« bezeichneten. Sie ist also für diesen Begriff verantwortlich, denn sie hat ihn uns damals so empfohlen.
Damals glaubten wir, daß der Prozeß der Loslösung und Individuation im wesentlichen während des zweiten Lebensjahres stattfinde. Aufgrund der von der Field Stiftung finanzierten Pilotstudie, kamen meine Kollegen und ich zu der Erkenntnis, daß bereits unsere neun bis zwölf Monate alten Kleinkinder ziemlich fortgeschrittene Stadien des Prozesses erreicht hatten. Zumindest konnte man sagen, daß sie bereits ihr Körperbild von dem der Mutter unterschieden. Durch diese anfänglichen Beobachtungen angespornt, nahmen wir immer jüngere Kinder in das Programm auf. Im dritten oder vierten Jahr der Studie nahmen wir die Kinder schon kurz nach der Geburt auf. Wenn diese Kinder dann vier oder fünf Monate alt waren, studierten wir sie und ihre Mütter gründlich, wir filmten sie systematisch, es gab teilnehmende und nicht teilnehmende Beobachter – ganz so wie wir es im methodologischen Teil des Buches »Die psychische Geburt des Menschen« beschrieben haben (englisch 1975, deutsch 1978).
Ich will mich hier nicht länger über die Methodologie auslassen, aber zumindest doch die wichtigsten Charakteristika erläutern und kurz die Beobachtungsergebnisse unseres Ansatzes erklären. Zunächst ist klarzustellen, daß unsere Untersuchung als Querschnitt angelegt war. Damit meine ich, daß wir uns weniger für die Beobachtung der Unterschiede zwischen Kindern verschiedenen Alters interessierten, sondern daß wir vielmehr Kinder gleichen Alters untereinander verglichen. Durch diese Methode konnten Säuglinge und Kleinkinder nicht nur untereinander verglichen werden, sondern im Lauf der Zeit auch wieder mit sich selbst. Tatsächlich haben wir durch diese Vergleiche die Merkmale beobachten können, die für bestimmte Altersgruppen charakteristisch sind. Unsere Beschreibung dieser Merkmale ergab schließlich eine Art Choreographie des Wechselspiels zwischen Mutter und Kind. Dazu gehörten die Gesten des Säuglings, die Reaktionen der Mutter, das Spiegeln des Babys durch die Mutter und so weiter. So erforschten wir an unserem Zentrum alle

Aspekte des Austausches zwischen Mutter und Kind bis hin zu den kleinsten Einzelheiten ihres Verhaltens: wie die Mutter das Kind zum Zentrum brachte, wie sie die Windeln wechselte, es hinlegte oder auch nicht, ob sie das Kind beim Hereinkommen allein ließ und so weiter. Die verschiedenen Bestandteile dessen, was, wie Spitz uns gelehrt hat, den »Dialog« zwischen Mutter und Kind ausmacht, brachten uns wichtige Erkenntnisse über generelle Abläufe, die sich immer wieder bei allen relativ normalen Kindern wiederholen. Als weiteres Ergebnis unserer Beobachtungen und Beschreibungen dieses Dialogs wurden uns die Unterschiede zwischen zwei gleichaltrigen Säuglingen, ja sogar Neugeborenen, bewußt. Zeigte ein Baby nicht das übliche, seinem Alter angemessene, Verhalten, das zu einer bestimmten Entwicklungslinie gehört, so untersuchten wir diesen Unterschied, diese Abweichung.

Mittels dieser Methode konnten wir zwei Hauptentwicklungszüge unterscheiden: der eine förderte die Individuation und der andere die intrapsychische Loslösung vom bemutternden Individuum. Individuation fällt mit der Entwicklung der Ich-Funktionen wie Wahrnehmung, Gedächtnis und Realitätsprüfung zusammen. Loslösung auf der anderen Seite ist der intrapsychische Vorgang der Trennung, durch den die Unterscheidung von der Mutter erreicht wird, mitsamt den Abgrenzungen, die zu einer solchen Unterscheidung gehören. Dieser Vorgang wird hauptsächlich durch den motorischen Apparat in Form der Fortbewegungsfähigkeit des Kindes unterstützt.

Natürlich verlaufen die Prozesse der Individuation und Loslösung, die optimalerweise Hand in Hand gehen sollten, nicht immer synchron. Wir beobachteten beispielsweise einige Kinder, die früh zu laufen anfingen, aber nicht erkannten, daß sie von ihren Müttern getrennt waren. Bei diesen Kindern hatten die kognitiven Funktionen mit den frühreifen motorischen Funktionen nicht Schritt halten können. Dank ihrer motorischen Fähigkeiten konnten sie sich weiter von ihrer mütterlichen »Heimatbasis« entfernen, als es angenehm oder sicher war. Wenn wir beobachteten, wie sie motorisch ihre Umwelt erforschten, konnten wir manchmal ein plötzliches Erstaunen oder Erschrecken feststellen. Es schien, als ob diese Kinder plötzlich innehielten und sagten: »Wo bin ich? Wo ist mein symbiotischer Teil?« Bezeichnenderweise schienen die Kinder, die relativ spät mit dem Laufen anfingen, in ihren kognitiven Funktionen fortgeschrittener (Wahrnehmung, Gedächtnis, Realitätsprüfung) als die Kinder, die frühzeitig damit begannen.

Aufgrund der Pilotstudie zur normalen Entwicklung und der dabei angewendeten Untersuchungsmethoden konnte ich vier regelmäßig wiederkehrende Schritte im Loslösungs- und Individuationsprozeß formulieren, die jedermann, der die Studie nachvollzieht, verifizieren kann. Die erste Subphase des Loslösungs- und Individuationsprozesses, ist die Subphase der Differenzierung. Als die Pilotstudie am Masters Kinderzentrum stattfand, nannten wir diese Subphase auch das »Ausschlüpfen« des Säuglings aus der symbiotischen Mutter-Kind-Einheit. Wenn dann das Kind zu krabbeln anfängt und von der Mutter weggeht (nicht zu ihr; die ersten Schritte des Krabbelkinds sind meistens weg von der Mutter) sagten wir, daß es nun die zweite Subphase des Loslösungs- und Individuationsprozesses erreicht habe: die Subphase des Übens. Zwischen sechzehn und vierundzwanzig Monaten oder später durchläuft das Krabbelkind die entscheidende Subphase der Wiederannäherung (rapprochement) und schließlich kommt das Kind zwischen zwei und drei Jahren oder später in das unbegrenzte Stadium, das ich »auf dem Weg zur emotionalen Objektkonstanz« nenne.

1963 kam ich zu dem Schluß, daß ich genug von der Psychosestudie hatte und meine ganze Zeit der »Normalstudie« widmen wollte. So bat ich Dr. Furer um die Übernahme des gesamten Psychoseprojekts, während ich beim Nationalinstitut den Antrag auf ein Vier-bis- Fünf-Jahresprojekt einreichte, das sich mit dem normalen Loslösungs- und Individuationsprozeß befassen sollte. Diese Studie wurde vom Nationalinstitut finanziert. Im Jahr darauf kam Dr. John McDevitt auf mich zu und wollte an der »Normalforschung« teilnehmen. Ich hatte McDevitt 1952 getroffen und die analytische Behandlung seines zweiten erwachsenen

Mahler mit Selma Kramer und Leo Madow 1977 beim Margaret S. Mahler Symposium in Philadelphia. Die jährlichen Symposien, die gemeinsam vom medizinischen College von Pennsylvania und der psychoanalytischen Gesellschaft wie dem Institut von Philadelphia getragen werden, begannen 1969 und werden bis heute weitergeführt. *(Aus den Akten des medizinischen Colleges von Pennsylvania)*

Mahler wird am 18. Januar 1976 vom vereinigten jüdischen Zentralverband jüdischer Philanthropie geehrt *(Photo von Jerry Salt)*

Patienten supervidiert. Schon damals hatte mich sein konzentriertes Interesse an schweren Abweichungen in der Entwicklung der Objektkonstanz beeindruckt. Im Sommer 1964 kam er vom Yale Kinderstudienzentrum, wo er an einer Longitudinalstudie ähnlich der meinen unter Ernst Kris mitgearbeitet hatte, zu mir. Er hatte meine Forschungen gewissermaßen wohlwollend aus der Ferne beobachtet. Als er mich mit Kris, dem genialsten und wunderbarsten Lehrer, den ich kannte, verglich, wurde ich rot. Im Januar 1965 nahm er die Arbeit bei mir auf und wurde zu meinem engsten Mitarbeiter.

1958 bereits hatte ich Dr. Fred Pine in einer therapeutischen Kinderkrippe getroffen, die von der Hudson Siedlungsgesellschaft auf der Lower West Side geführt wurde. Ich arbeitete mehrere Stunden pro Woche als Beraterin mit, während Pine psychologische Gutachten über die Krippenkinder verfaßte. Kurz darauf, 1960 lud ich Pine ein, als Chefpsychologe für unsere Normalstudie einzusteigen. Mit seinem Eintritt in den Mitarbeiterstab sowie dem McDevitts wenige Jahre später waren die Hauptakteure des Forschungsteams beisammen, dessen Untersuchungen dann in dem Buch »Die psychologische Geburt des Menschen« gipfelten.

Epilog: Gedanken zu Loslösung und Individuation

Eine meiner frühesten Erinnerungen – zweifelsohne eine Deckerinnerung – handelt von einer heimlichen, unschönen Handlung, die ich mit vier oder fünf Jahren beging. Man munkelte, die Nachbarskatze habe sich auf dem Dachboden unseres Wohnhauses ein Nest gebaut und werfe Junge. Von ungewöhnlicher Neugier angetrieben wollte ich an das Nest mit den kleinen Katzen herankommen. So habe ich mich heimlich auf den Dachboden geschlichen. Ich weiß noch, wie sehr mich der Zustand der neugeborenen Kätzchen entsetzte, sie hatten ihre Augen noch geschlossen und konnten folglich nicht sehen. Sofort wollte ich diese Situation verändern, das heißt, ich begann an den geschlossenen Augenlidern herumzufummeln. Wie Kinder so sind, war ich mir dabei nicht der Gefahr für meine eigenen Augen bewußt, denn die Katzenmutter hätte mich ja instinktiv zur Verteidigung ihrer Jungen angreifen können.
Meiner Ansicht nach lag darin der Keim für meine beiden größeren Artikel »Pseudoimbezilität: Die Tarnkappe der Unsichtbarkeit« (1942) und »Die schrecklichen Kinder« (1949)[1]. Aber was vielleicht noch wichtiger ist: ich glaube, daß die gleiche Neugier, die mich antrieb, diese neugeborenen Katzen in ihrer mütterlichen Umgebung zu untersuchen, mich fünfunddreißig Jahre später zu einer zwar anderen, aber doch verwandten Frage führte: woher kommt es, daß symbiotische und autistische Kinder nicht zwischen sich und ihren Mütter unterscheiden können und vielleicht in einem noch umfassenderen Sinn zwischen sich und anderen? Entweder haben sie einen Schutzwall gegen die Mutter errichtet, die dadurch als lebendiges Wesen für sie unsichtbar wird oder es gelang ihnen nicht, zwischen sich und der Mutter eine Grenze zu ziehen. Bedenkt man also das Leid dieser Kinder,

läßt sich weiter fragen: Woher kommt es, daß die überwältigende Mehrheit der Menschen in relativ kurzer Zeit ein genaues, wenn auch noch primitives Gespür von sich selbst als getrenntem Wesen mit individueller Identität erwirbt?

Konzept und Beschreibung des Loslösungs- und Individuationsprozesses sind natürlich Ergebnis von über einem Vierteljahrhundert der Forschung, die diese tiefgründigen und zutiefst wesentlichen Fragen erhellen wollte. Die wissenschaftliche Untersuchung zeigte, wie das Kind die einander ergänzenden Gefühle für Ganzheit und Identität erwirbt und wie dieses Gefühl Ergebnis einer allmählichen Loslösung und Individuation aus der ursprünglichen Matrix der Mutter-Kind- Beziehung ist. In der Loslösungs- und Individuationstheorie wird dieser Prozeß der psychologischen Geburt des Menschen gleichgesetzt.

Ich freue mich immer wieder, daß diese Theorie bei Analytikern, Kinderpsychiatern und anderen im Bereich der seelischen Gesundheit Tätigen so große Verbreitung findet. Andererseits frustriert es mich auch stets von neuem, daß diese Theorie, wie alle Theorien, immer wieder Anlaß zu Mißverständnissen gibt, selbst bei denen, die sie vertreten. Die Tendenz, Fehler und Mängel im Loslösungs- und Individuationsprozeß als »Ich-Störung« oder »Ich-Beeinträchtigung« zu bezeichnen, ist weitverbreitet. Die meisten Kliniker oder Forscher sehen darin zugleich eine Entwicklungsverzögerung oder Blockierung. Will man aber eine solche Blockade oder Verzögerung mit Begriffen des Loslösungs- und Individuationsprozesses beschreiben, muß man über allgemeine Betrachtungen zur Entwicklung hinausgehen und sowohl die besondere Eigenart wie auch die Komplexität der »Störung« oder »Beeinträchtigung« bestimmen. Das könnte beispielsweise bedeuten, daß die fragliche Entwicklungsverzögerung Folge einer ungelösten Subphase der Wiederannäherung (rapprochement) ist. Bringt man diese Subphase der Wiederannäherung ins Gespräch, gilt es wiederum eine sehr komplexe Entwicklungsverzögerung aufzuzeigen, die verschiedene Aspekte der Persönlichkeit umfassen kann: solche, die mit dem Körperbild zu tun haben, mit den Objektbeziehungen, der Trennungsangst, dem Bedürfnis nach narzißtischer Befriedigung und so weiter. Diejenigen, die rein ätiologisch von Ich-Störung oder Ich-Beeinträchtigung sprechen, ignorieren diese ganze Fülle der komplexen Themen, die sich aus einer bestimmten Subphase des Loslösungs- und Individuationsprozesses ableiten. Um die Implikationen des Loslösungs- und Individuationsprozesses voll zu verstehen, muß man tatsächlich das Konzept der Neurosen im Kindesalter gründlich überarbeiten. Eine solche Korrektur läßt sich aber nicht mehr mit dem Allerweltsetikett der Ich-Störung oder Ich-Beeinträchtigung vereinbaren.[2]

Nicht ohne Grund wählte ich zur Illustration meines Standpunkts jene Konflikte, die zur Wiederannäherungsphase im Loslösungs- und Individuationsprozeß gehören. Die meisten Kinder, die heute in die Analyse kommen, konnten die Wiederannäherungskrise nicht lösen, die meine Mitarbeiter (besonders John McDevitt) und ich verschiedentlich präzis beschrieben haben. Eine vermehrte Beachtung der Bedeutung der Wiederannäherungsphase führt meines Erachtens zu einer zunehmenden Anerkennung der entscheidenden Rolle, die präödipale Determinanten sowohl für die Psychopathologie wie auch für die seelische Gesundheit spielen.

Der Ödipuskomplex – soviel ist sicher – bildet den Kern der normalen Entwicklung wie auch der »normalen« kindlichen Neurose. Aber die ödipale Situation selbst wird durch das, was vorausging, gestaltet und besonders durch das, was während der Wiederannäherungsphase passiert.[3] Wenn das Kind sich erstmals als getrenntes, hilfloses und sehr kleines Individuum begreift – eine Erkenntnis, die sechs Monate zuvor noch nicht möglich war, wenn also dieses gleiche Kind mitten in der Übungsphase zu glauben scheint, daß es »der Nabel der Welt ist« – dann kommt, ob plötzlich oder allmählich, nun die Erkenntnis, daß es sehr von seiner Mutter abhängt und daß diese Mutter von ihm getrennt ist, daß sie und der Vater ihre eigenen Interessen und ihr eigenes Leben haben. Kurz gesagt erkennt das Krabbelkind, daß es keineswegs das Zentrum des Universums ist. Das ist die Wiederannäherungskrise.

Unsere umfangreichen Untersuchungen zeigten ganz klar, daß die Wiederannäherungskrise überall vorkommt. Sie kann sanft und kaum wahrnehmbar verlaufen oder auch laut und dramatisch. Dieses Phänomen läßt sich überall beobachten: auf der Straße, in der U- Bahn, im Supermarkt, wo es sich als offener Kampf zwischen dem kleinen Kind und seiner Mutter ausdrückt. Geht alles gut, wird das Kind allmählich erkennen, daß es nur ein Kind ist und daß seine Mutter im Moment verärgert sein kann und doch die »Gute« bleibt. Gleichzeitig mit dieser Erkenntnis werden eine ganze Reihe widersprüchlicher Affekte allmählich miteinander ausgesöhnt und integriert.
Wenngleich eine gewisse Krise in der Wiederannäherungsphase so normal und unvermeidlich wie der ödipale Konflikt ist, so sollten doch alle, die mit Kindern zu tun haben dafür sorgen, daß diese Krise so schnell und schmerzlos wie möglich gelöst wird. Schlüsselwort für dieses Ziel ist natürlich wieder »bemuttern«, wobei wir hier nicht nur den gegenwärtigen Status der Mutter meinen, sondern auch die Geschichte der Mutter-Kind-Beziehung, die der Wiederannäherungsphase vorausgeht. Mit diesem Meilenstein in der Entwicklung sollten alle in der Kindererziehung Tätigen vertraut gemacht werden. Wir müssen besonders den Müttern, aber auch den Vätern helfen und sagen, daß sie sich nicht unnötig sorgen müssen, wenn ihre Kinder diese unvermeidliche Krise durchlaufen. Wir müssen ihnen klarmachen, daß die Wiederannäherungskrise ein normales Geschehen von begrenzter Dauer ist, an dem weder sie noch ihre Kinder irgendwelche Schuld tragen.
Ich glaube, es ist wichtig hier auch Allgemeinplätze zu wiederholen, denn wir leben in einer Gesellschaft, in der Kindesmißhandlung zu einem dringlichen sozialen Problem wurde und in der Mütter wiederum beschimpft werden. Aber wir wissen aufgrund unserer umfangreichen Untersuchungen über die Subphasen des Loslösungs- und Individuationsprozesses, daß es die, um Winnicotts Ausdruck zu gebrauchen, »durchschnittlich zugewandte Mutter« ist, die Hilfe braucht. Diese Mutter müssen wir beruhigen, indem wir sie beispielsweise über die Unvermeidbar-

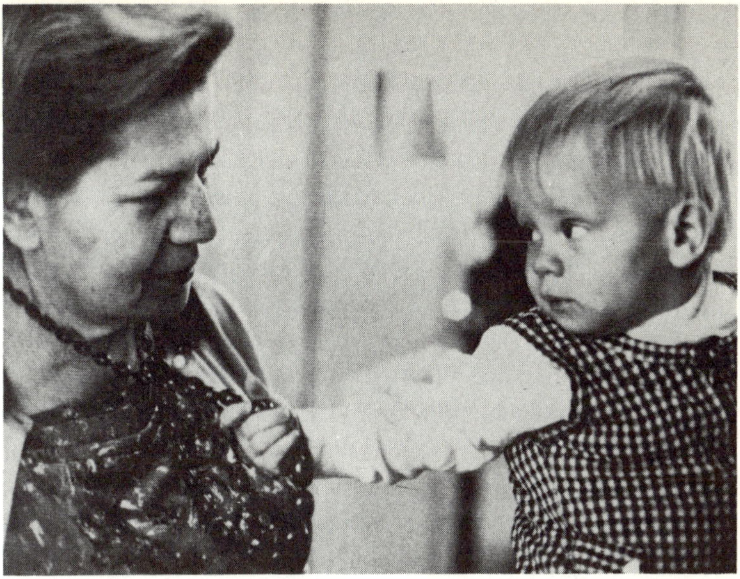

Dieses Standbild von 1967 stammt aus der reichen Sammlung der Forschungsfilme, die den Loslösungs- und Individuationsprozeß dokumentieren und gehört zu den Lieblingsbildern Mahlers. *(Aus der Margaret S. Mahler Psychiatric Research Foundation)*

keit der Wiederannäherungskrise mit all ihren Anspannungen und Schwierigkeiten aufklären. Wir müssen diesen Müttern erklären, daß sie selbst durch die Wiederannäherungsphase verwirrt sein können. Denn es ist jene Phase der frühen Entwicklung, in der das Kind in einem Moment ein Engel sein kann und im nächsten ein Monster. Die »durchschnittlich zugewandte« Mutter kann unter diesen aufreibenden Umständen das Gefühl haben, daß sie ununterbrochen von einem schrecklichen Kind geplagt wird, das sie nicht verdient hat, oder daß sie umgekehrt eine ungenügende Mutter ist.

Wenn wir Müttern und Vätern ein wissenschaftliches Grundverständnis für die Bedeutung der Wiederannäherungskrise vermitteln können, haben wir einen entscheidenden strategischen Schritt im Hinblick auf die Prävention seelischer Erkrankungen in der Kindheit und der frühen Intervention gerade in jenen Fällen getan, in denen trotz bester Bemühungen der Eltern die Erkrankung ihren Lauf nimmt. Das Wissen um die Wiederannäherungskrise ist natürlich nur ein Teil des ganzen Wissens um den Loslösungs- und Individuationsprozeß. Wir müssen die Eltern über die Fallen und Meilensteine der Verletzlichkeit während des gesamten Prozesses aufklären. Allgemeinwissen dieser Art zu verbreiten ist ebenso wichtig wie weitere Forschungsarbeit, die unser Verständnis des Prozesses vertieft. Denn die Fortbildung der Eltern dient der Vorsorge und frühen Intervention. Nach meinem Dafürhalten liegen hier die Antworten auf die größten Probleme unserer Zeit. Dr. Louise Kaplans jüngstes Buch »Die zweite Geburt«[4] ist hier als wichtige Hilfe zu nennen. Kaplan hat den gesamten Loslösungs- und Individuationsprozeß in eine zugleich poetische und populäre Sprache übersetzt. Symbiose und symbiotische Tendenzen setzt sie mit »Einheit« gleich, während der Prozeß der Loslösung und Individuation auf »Trennung« zielt. Flüssig und verständlich beschreibt sie die Konzepte des Loslösungs- und Individuationsprozesses, so daß Laien und besonders Mütter und Väter das Buch mit großer Freude lesen können. Kaplan hat damit großartige Aufklärungsarbeit geleistet. Ich glaube, daß »Die zweite Geburt« der heutigen Elterngeneration so hilfreich werden

kann, wie es Benjamin Spocks berühmtes Buch für die vorige Generation der Eltern war.
Während wir einerseits unsere derzeitigen Kenntnisse des Loslösungs- und Individuationsprozesses den wichtigen sozialen Zielen der Prävention und frühen Intervention zur Verfügung stellen, müssen wir andererseits durch neue Forschungen diese Kenntnisse auf bisher unerforschte Gebiete ausweiten. Der Aufbau und der Wandel der sogenannten Kerngeschlechtsidentität gehören zu den wichtigen Themen, die durch das umfangreiche Material der Longitudinalstudien zur Loslösung und Individuation erhellt werden könnten. Eine solche Forschung würde meines Erachtens eine meiner Überzeugungen bekräftigen, die von vielen Analytikern und Nichtanalytikern nicht geteilt wird, nämlich daß die Loslösung und Individuation in der Entwicklung parallel mit Freuds Libidotheorie verläuft und mit dieser vollkommen vereinbar ist. Darüber hinaus glaube ich, daß der Loslösungs- und Individuationsprozeß als Brücke dazu dienen kann, die Libidotheorie mit einem Verständnis der Geschlechtsidentität und der Geschlechtscharakteristika zu integrieren, wie sie unter anderem von Eleanor Galenson und Herman Roiphe aber auch Robert Stoller beschrieben wurden. Eine solche Arbeit würde mit Sicherheit der Entwicklung der Sexualität größere Bedeutung beimessen als die ursprüngliche Untersuchung des Loslösungs- und Individuationsprozesses. Hier verweise ich auf einen Aspekt, der möglicherweise die nächste größere Herausforderung für die Kleinkindforscher darstellt: die Beziehungen zwischen den beiden Grundprinzipien der gegenwärtigen Psychoanalyse, nämlich der Libidotheorie einerseits und dem Loslösungs- und Individuationsprozeß auf der anderen Seite zu erforschen und beschreiben.

Nachwort von Paul E. Stepansky

Memoiren sind qua definitionem subjektive Nacherzählungen bestimmter Lebensepisoden. So folgen sie notwendigerweise gewissen Linien. Diese Binsenweisheit ist jedoch keine Abwertung der Intentionen des Memoirenschreibers, sondern besagt, daß das Leben aus einer besonderen Perspektive von einem bestimmten Zeitpunkt des Lebens aus nacherzählt wird. Die Memoiren – so könnte man sagen – sind der Kalender der Erinnerungen.
Die Geschichte, die Margaret Mahler erzählt, konzentriert sich auf ihre berufliche Entfaltung, mit all den Prüfungen und Leiden, die dazu gehören. Die folgenden Fakten beziehen sich auf einen Aspekt ihres Lebens und ihrer Identität, der in ihren Memoiren nur am Rande auftaucht: ihre Beziehung zum Judentum. Ich stelle sie hier dar, weil sie zum Verständnis ihrer Persönlichkeit abrundend beiträgt, zudem läßt sie ihre Erinnerungen an den Antisemitismus, dem sie während ihrer medizinischen Ausbildung begegnete, plastischer und deutlicher hervortreten.[1]
Dr. Mahlers Erinnerungen an den Antisemitismus 1920 in München, als sie und ihre Schwester Suzanne mehrere Stunden im Gefängnis verbringen mußten und in Jena 1921, als sie dem Allgemeinen Studentenausschuß dort als Angriffsziel diente, umfassen nicht das ganze Ausmaß dieser Dimension ihres Lebens. Als sie sehr jung war, vielleicht vier, wie sie sich später erinnert, hörte sie von den Progromen, die ihre Großmutter mütterlicherseits in Esterhaza, wo ihr Vater geboren war, bedrohten. Wegen dieser Bedrohung lebte die Großmutter eine Zeitlang in Mahlers Familie und teilte ihr Zimmer mit Margaret. Einige Jahre später, als Mahler sieben Jahre alt war, (1904) begegnete ihr der Antisemitismus in der privaten Grundschule, die sie als einzige Jüdin besuchte. Sie erinnerte sich an ein Schreiben, das in ihrer Klasse herumging und das folgenden Inhalt hatte: »Sprecht nicht mit

Schönberger, denn die Israeliten haben Jesus Christus gekreuzigt.«

In den Memoiren schreibt Dr. Mahler, daß ihre Mutter, Eugenie Wiener Schönberger 1944 in Auschwitz umkam. Erwähnenswert ist ferner, daß andere nahe Verwandte Opfer des Holocaust wurden. Die Schwester ihrer Mutter, Irma, bei der Dr. Mahler während ihrer Gymnasialzeit in Budapest wohnte, hatte einen Sohn, der drei Jahre älter als Mahler war. In den Memoiren erinnert sich Mahler, daß dieser Cousin, »ein guter Freund von mir«, von den Nazis umgebracht wurde. Der ältere Bruder ihres Vaters, Karl, hatte eine Tochter, Lilly Mohacsi, die einen ungarischen Schriftsteller geheiratet hatte. Als der Schriftsteller in den ersten Monaten der Besatzung Ungarns von den Nazis abgeholt wurde, hat Lilly entweder Selbstmord begangen oder wurde getötet. Ein anderer Cousin, Sandor, ein Rechtsanwalt und Freimaurer wurde in Sopron von Hunden in Stücke gerissen. Und schließlich hat in Budapest eine Großnichte zusammen mit ihrem Mann und zwei Kindern in der Nacht vor der Deportation Selbstmord begangen.

Tatsächlich wurde die gesamte jüdische Gemeinde von Sopron, Dr. Mahlers Heimatort, von den Nazis ausradiert. Vor der deutschen Besetzung im März 1944 hatte die Stadt 1.856 jüdische Einwohner. Im Verlauf der nächsten zwei Monate wurden 1.470 Juden in Konzentrationslager verschleppt, 40 festgenommen, 286 zur Zwangsarbeit verurteilt, 55 waren gebrechliche Alte und fünf wurden als »Ehrenbürger« anerkannt und durften bleiben.[2]

Diese Tatsachen lassen jene Erinnerung Dr. Mahlers um so schmerzlicher erscheinen, als sie nämlich die Nachricht erhielt, daß die Hilfsorganisation HIAS Sondergenehmigungen für ihre Eltern zur Ausreise nach Palästina erhalten hatte, die sie traurigerweise nie erhielten. Dadurch wird auch die besondere Bedeutung ihres letzten Willens klar, in dem sie über den Verbleib ihrer und ihres Mannes Asche verfügte. Ungefähr acht Jahre vor ihrem Tod traf Dr. Mahler alle notwendigen Vorkehrungen zur Beerdigung ihrer und ihres zuvor verstorbenen Mannes, Dr. Paul H. Mahlers Asche auf dem jüdischen Friedhof in Sopron neben dem

Mahler 1975, als »Die psychische Geburt des Menschen« veröffentlicht wurde. *(Aus der Margaret S. Mahler Psychiatric Research Foundation)*

Grab ihres Vaters, Dr. Gusztav Schönberger. Sie sorgte auch dafür, daß der Name ihrer Mutter auf ihres Vaters Grabstein eingraviert wurde und darüber die Worte »Märtyrer des Holocaust«. Als Dr. Mahlers Asche am 1. August 1986 auf dem jüdischen Friedhof in Sopron beigesetzt wurde, lebten nur noch sechzehn Juden dort, darunter auch jene, die nach dem Krieg zurückgekehrt waren. Erwähnt werden sollte noch, daß Dr. Mahler der jüdischen Gemeinde in Sopron 25.000 Dollar zur Pflege ihres und ihres Vaters Grab vermachte.

Margaret Mahlers lebenslange Bejahung ihres Judentums, die gleichwohl mit ihrem Nichtpraktizieren des Glaubens einherging, drückte sich in seltsamer und bewegender Weise aus. Ihr Freund, der Rechtsanwalt Bernard Fischman, erinnert sich, daß er 1970 Mahler das Vorwort Freuds zur hebräischen Übersetzung (1930) von »Totem und Tabu« (1913) gezeigt habe.[3] Darin stellte Freud sich als Autor dar, »der die Sprache der heiligen Schrift nicht versteht, der väterlichen Religion – wie jeder anderen – völlig entfremdet ist, an nationalistischen Idealen nicht teilnehmen kann und doch die Zugehörigkeit zu seinem Volk nie verleugnet hat, seine Eigenart als jüdisch empfindet und sie nicht anders wünscht.« Freud gibt weiter zu: »Fragte man ihn: Was ist an dir noch jüdisch, wenn du alle diese Gemeinsamkeiten mit deinen Landsleuten aufgegeben hast?«, so würde er antworten: »Noch sehr viel, wahrscheinlich die Hauptsache. Aber dieses Wesentliche könnte er gegenwärtig nicht in klare Worte fassen. Es wird sicherlich später einmal wissenschaftlicher Einsicht zugänglich sein«. Als sie Freuds eindrucksvolles Bekenntnis zu seinem Judentum las, erzählte Mahler Fischman folgende spontane Erinnerung. Als sie 1938 in England ankam und den »Union Jack« sah, empfand sie ein Sicherheitsgefühl, das ihr in Wien schon lange abhanden gekommen war. Als sie sechs Monate später in den Vereinigten Staaten ankam und das Sternenbanner sah, empfand sie ein noch größeres Sicherheitsgefühl. Jahre später, als sie eines Abends mit dem Auto durch Manhattan fuhr und eine erleuchtete Synagoge sah, empfand sie das allergrößte Sicherheitsgefühl. Dazu paßt vielleicht, daß Margaret Mahler im Jahr ihres Todes

Oben: Mahler in ihren Achtzigern. *(Aus Margaret S. Mahlers Nachlaß)*
Links: Ungefähr acht Jahre vor ihrem Tod ordnete Mahler an, daß ihre eigene Asche wie auch die ihres verstorbenen Mannes Paul H. Mahler nach Sopron überführt würde, um dort auf dem jüdischen Friedhof neben dem Grab ihres Vaters beigesetzt zu werden. Zur gleichen Zeit verfügte sie, daß der Name ihrer Mutter auf ihres Vaters Grabstein gemeißelt würde und davor die Worte: »Märtyrer des Holocaust«. Dieser Wille wurde im August 1986 erfüllt. *(Aus Margaret S. Mahlers Nachlaß)*

1985 zum Rosh Hashanah Gottesdienst im New Yorker Emanu-El Tempel ging. Ihrer Begleiterin Peggy Hammond erzählte sie, daß sie erstmals wieder nach fast einem halben Jahrhundert eine Synagoge betreten habe – das letzte Mal sei während ihres kurzen Aufenthalts in London 1938 gewesen.
Ob Eltern, Erzieher, Therapeuten – wir alle ernten die Früchte von Margaret Mahlers lebenslanger Arbeit. So haben wir teil an ihrem Reichtum. Am Ende dieses Nachworts sollte vollständigkeitshalber erwähnt werden, wem Margaret Mahler ihr Vermögen vermachte, denn das zeigt uns auch wieder etwas von ihr. Dr. Mahler setzte den Projektfonds der Grauen Panther als einzigen rechtmäßigen Erben ein und verfügte, daß ihr Geld älteren mittellosen Akademikern und Gelehrten für ihre Arbeit zukommen sollte.

Anmerkungen

Einführung

1 Margaret S. Mahler, Fred Pine, Anni Bergman: »Die psychische Geburt des Menschen – Symbiose und Individuation«, Frankfurt 1978, S. 62. Über Mahlers Verständnis der Symbiose und der »normalen symbiotischen Phase« siehe auch »Symbiose und Individuation – Psychosen im frühen Kindesalter« (1972) und »Studien über die drei ersten Lebensjahre« (1985) wie auch »The Selected Papers of Margaret S. Mahler« Band II, New York 1979, S. 78-79. 154/155. In »Die psychische Geburt des Menschen« wird das Thema auf den Seiten 55ff. dargestellt wie auch im Anhang ab Seite 287.

2 Zu Mahlers Verständnis des Autismus und der »normalen autistischen Phase« siehe »Symbiose und Individuation – Psychosen im frühen Kindesalter« wie Band II der »Ausgewählten Aufsätze« und »Die psychische Geburt des Menschen«, S. 59f. und im Anhang.

3 Jay R. Greenberg und Stephen A. Mitchell: »Object Relations in Psychoanalytic Theory«, Cambridge 1983, S. 283.

4 Mahler und andere: »Die psychologische Geburt« S. 36.

5 John Bowlby: »Bindung – Eine Analyse der Mutter-Kind- Beziehung«, Frankfurt 1984, S. 172.

6 a.a.O., S. 190.

7 Bowlby selbst merkt an, daß sein Gebrauch des Wortes Trennung impliziert, daß »die Bindungsfigur der Person vorübergehend (Trennung) oder für immer (Verlust) unzugänglich ist« und unterschieden werden sollte »von der gänzlich anderweitigen Verwendung des Begriffs durch Mahler, die es zur Beschreibung eines intrapsychischen Prozesses benutzt, der zur ›Differenzierung des Selbst vom symbiotischen Objekt‹ führt.« John Bowlby: »Trennung – Psychische Schäden als Folge der Trennung von Mutter und Kind«, München 1976, S. 41f.

8 Bowlby, Bindung, S. 211.

9 Mahler und andere, Die psychische Geburt, S. 64. Vergleiche auch »Symbiose und Individuation – Psychosen im frühen Kindesalter« sowie Band II der »Ausgewählten Aufsätze«. »Das rudimentäre (noch nicht funktionale) Ich des neugeborenen Kindes und des Säuglings muß durch die emotionale Verbindung, die durch Pflege und Fürsorge der Mutter hergestellt wird, das heißt durch eine Art sozialer Symbiose ergänzt werden.« (S. 64 in »Die psychische Geburt«)

10 Bowlby, Bindung, S. 215.

11 Mahler und andere, Die psychische Geburt, S. 32.

12 a.a.O., S. 38.

13 Mahlers wichtigere Papiere über die »infantile Psychose« finden sich in den »Selected Papers«, Band I, Teil III (siehe auch »Studien über die drei ersten Lebensjahre«).

14 Nach Mahler ist die Subphase der »Wiederannäherung« die um den fünfzehnten Monat herum beginnt und mindestens bis zum Ende des zweiten Jahres dauert, die

dritte Subphase des Loslösungs- und Individuationsprozesses. Dann hat das Krabbelkind sich bereits von seiner Mutter gelöst und erfährt den Konflikt zwischen der Angst, die Mutter zu verlieren und der Angst, von dieser Liebe verschlungen oder »überflutet« zu werden, und dadurch das gerade sich entwickelnde Gefühl für die eigene Identität zu verlieren. Der Wiederannäherungskampf, der nach Mahler in die »Wiederannäherungskrise« gipfelt, bestimmt häufig jene neurotischen Störungen, die in der etwas späteren ödipalen Periode auftreten. Über die Bedeutung der Subphase der Wiederannäherung bei neurotischen Konflikten siehe »Die Subphase der Wiederannäherung im Loslösungs- und Individuationsprozeß« (1972) und »Über den gegenwärtigen Status der kindlichen Neurose« (1975) in den »Ausgewählten Aufsätzen«, Band II, besonders S. 147, 193 und »Die psychologische Geburt«, S. 282f.

15 Margaret Mahler: »Symbiose und Individuation«, Band 1, »Psychosen im frühen Kindesalter«, Stuttgart 1979, S. 38.

16 Karl Joachim Weintraub: »The Value of the Individual: Self and Circumstance in Autobiography«, Chicago 1978, Kapitel I.

17 a.a.O., S. XVIII.

18 Ungefähr um diese Zeit arbeitete Dr. Mahler auch mit Dr. Darlene Levy an der Vorbereitung einer 24seitigen »Kurzfassung« ihrer Memoiren. Dieses Dokument enthält kurze, zwei bis drei Seiten lange Zusammenfassungen der aufeinanderfolgenden Phasen ihrer Karriere. Hiermit wird also gesagt, daß Dr. Levy Dr. Mahler in ihrem Entschluß einen Grundstein für die Memoiren zu legen, unterstützte. Sie ermutigte Dr. Mahler nicht nur, mit den Interviews bei Doris Nagel fortzufahren, sondern kümmerte sich auch um die Vorbereitungen zum Abtippen der Interviews.

19 Vielleicht ist es wichtig, hier auch zu erwähnen, daß Dr. Nagel vor meinem ersten Zusammentreffen mit Dr. Mahler ihr ein Exemplar meiner kürzlich erschienenen Studie über Alfred Adler »Im Schatten Freuds: Adler im Zusammenhang«, Hillsdale 1983, übergeben hatte. Darin beurteile ich die psychoanalytisch orientierte Pädagogik ihres wichtigsten Mentors August Aichhorn sehr positiv. (S. 222ff.). Als wir uns trafen, lag dieses Buch neben Frau Dr. Mahler und sie äußerte ihre Wertschätzung.

1 Sopron

1 Verstärkt wurde dies durch die Besonderheiten der ungarischen Sprache, denn das ungarische Wort »fiam«, mit dem mich mein Vater ansprach, bedeutet sowohl Sohn wie Tochter.

2 Diese Überzeugung würde ich als meinen »Hauptkomplex« betrachten, den ich mit in meine Lehranalysen einbrachte. Besonders meine Analyse bei Willi Hoffer half mir beim Verständnis der diesem Komplex zugrundeliegenden Meinungen.

3 In »Women in Mathematics«, Cambridge 1974, beginnt L.M. Osen ihren Bericht über Sonja Corvin-Krukovsky Kovalevsky (1850-1891) damit, daß sie sie als »wahrscheinlich das blendendste mathematische Genie unter den Frauen der letzten beiden Jahrhunderte« preist (S. 117). Sie wurde in Moskau geboren, ging dann 1868 eine Scheinehe mit dem Paläontologen Vladimir Kovalevsky ein, um damit die nötige Freiheit für Studienreisen innerhalb Europas zu erlangen. Kovalevsky erhielt erst knapp vor Ende ihres kurzen Lebens internationale Anerkennung: 1888 erhielt sie den berühmten Prix Bordin der französischen Akademie der Wissenschaften. Im Jahr darauf wurde sie zum ersten weiblichen Korrespondenzmitglied der Russischen Akademie

der Wissenschaften berufen. Ebenfalls 1889 wurde sie zur Professorin für Mathematik an der Universität von Stockholm ernannt. Sie war eine brillante Gelehrte, die sich vor allem mit den unendlichen Reihen befaßte sowie der Anwendung analytischer Techniken in der mathematischen Physik. Doch zugleich war Kovalevsky eine begnadete Schriftstellerin, deren literarische Werke – darunter zwei Romane und Kindheitsmemoiren – sich hauptsächlich mit den Rechten der Frauen befaßten. Ihr Leben und ihre Arbeit werden bei Osen (S. 117-140) und auch von E.T. Bell in »Men of Mathematics«, New York 1965, S. 423ff. beschrieben.

4 Bereney hat gemeinsam mit Alice Balints Schwester, Olga Szekely-Kovacs, die berühmt gewordenen Zeichnungen der ersten und zweiten Generation der Analytiker angefertigt, die 1924 den internationalen psychoanalytischen Kongreß in Salzburg besuchten. Die Zeichnungen wurden in »Karikaturen«, Leipzig 1924, veröffentlicht und in »Caricatures of 88 Pioneers in Psychoanalysis Drawn from Life at the Eight International Psychoanalytical Congress«, New York 1954 nachgedruckt.

5 Hollós Buch »Hinter der gelben Mauer« ursprünglich »ein Appell die Gesellschaft an die Welt der ›Geisteskranken‹ anzupassen« (Kurt Eissler: »Talent and Genius: The Fictitious Case of Tausk contra Freud«, New York 1971, S. 318) wurde 1927 auf deutsch und ungarisch veröffentlicht. Der Brief, auf den sich Dr. Mahler bezieht, stammt vom 4. Oktober 1928, und sie meint darin folgende Passage: »Bei uneingeschränkter Anerkennung Ihrer Gefühlswärme, Ihres Verständnisses und Ihrer Tendenz fand ich mich doch in einer Art von Opposition, die mir nicht leicht verständlich wurde. Ich gestand mir endlich, es komme daher, daß ich diese Kranken nicht liebe, daß ich mich über sie ärgere, sie so fern von mir und allem Menschlichen empfinde. Eine merkwürdige Art von Intoleranz, die mich gewiß zum Psychiater untauglich macht.« (Max Schur: »Das Es und die Regulationsprinzipien des psychischen Geschehens«, Frankfurt 1973, übersetzt von Käte Hügel, S. 10) Max Schur war der erste, der diesen Brief vollständig veröffentlichte.

2 Medizinstudien zwischen den Kriegen

1 Der »schwedische Forscher«, an dessen Namen sich Dr. Mahler in den diese Zeitspanne umfassenden Interviews nicht erinnern konnte, war zweifelsohne Dr. Fåhraeus. Der im Text auftauchende Zusatz »oder einem seiner engeren Mitarbeiter«, weist auf Dr. Mahlers eigene Unsicherheit hin, ob sie nun von Fahraeus selbst oder eben einem seiner Mitarbeiter angestellt worden war. In einem Interview mit Dr. Nagel aus dem Jahre 1980, erinnert sie sich wie folgt: »Ich wurde von einem Schweden engagiert. Ich weiß nicht genau, ob es der ursprüngliche Erfinder der Sedimentationsraten oder einer seiner engen Mitarbeiter war, jedenfalls sollte ich mit ihm zusammen Forschung betreiben...« Auf jeden Fall wurde die Sedimentationsrate als Labortechnik eingeführt, nachdem Fåhraeus zwei Papiere dazu veröffentlicht hatte; in der Arbeit von 1918 beschreibt er die Anwendung der Technik bei Schwangerschaft; die besser bekannte Arbeit von 1921 stellt weitere Bezüge zu anderen Faktoren her (Acta Med. Scand., 55:1). Die Arbeit von Fåhraeus wird bei John B. Miale: »Laboratory Medicine: Hematology«, 5. Ausgabe, St. Louis, MI, C.V. Mosby 1977 erwähnt.

2 Emil Feer: »Lehrbuch der Kinderheilkunde«, Gustav Fischer, Jena, 1911. Von Pirquet, mit dem Dr. Mahler später in Wien zusammenarbeitete, schrieb darin die Kapitel, die sich mit Erkrankungen der Atmungsorgane und Tuberkulose befassen. Siehe auch

Richard Wagner, Clemens von Pirquet: »His Life and Work«, Baltimore, MD, John Hopkins, Press, 1968, S. 94.

3 Dr. Peter Blos teilte mir mit, daß sein Vater Edwin Blos damals Mitglied der »Freien wissenschaftlichen Studenten Vereinigung« war. Seit ihrer Gründung im ausgehenden neunzehnten Jahrhundert war diese liberale Studentenorganisation gegen den Pan-Germanismus und die damit verbundene Rassendiskriminierung an deutschen Universitäten eingestellt. Diese Einstellung zeigte sich auch darin, daß die Vereinigung sich gegen alle Schlagenden Verbindungen an den Universitäten aussprach.

4 Wie bereits am Anfang von Kapitel 1 erwähnt, konnten die Bewohner Soprons (Ödenburg) sich über eine Abstimmung entweder für die ungarische oder die österreichische Staatsbürgerschaft entscheiden. Ich hatte für die österreichische Staatsbürgerschaft optiert, weil ich meine Ausbildung und womöglich auch meine Praxis in Wien anfangen wollte.

5 Umgekehrt mußten in Österreich ausgebildete Mediziner, die eine deutsche Approbation haben wollten, ein zusätzliches Examen in Haut- und Geschlechtskrankheiten ablegen.

3 Von der Kinderheilkunde zur Kinderpsychiatrie

1 Zum Glück gibt es eine wissenschaftliche Studie über von Pirquet, die sich mit genau der Periode befaßt, die auch in Dr. Mahlers Erinnerungen auftaucht: Richard Wagners, »Clemens von Pirquet: His Life and Work«, Baltimore 1968. Leser, die sich mehr für die hier erwähnten Persönlichkeiten, Ereignisse und Forschungsprojekte interessieren, mögen Wagners informative Studie konsultieren.

2 Dazu Wagners nützliche Zusammenfassung (S. 179) über von Pirquets Mandeluntersuchungen, in der auch – ohne Namensnennung – Dr. Mahler erwähnt wird: »Als von Pirquet Direktor der Kinderklinik wurde, entsetzte ihn die routinemäßige und unterschiedslose Entfernung der Mandeln. Er befaßte sich mit dem Problem in der ihm eigenen Weise. Einer Mitarbeiterin (das ist Dr. Mahler) übertrug er die Aufgabe, die Größe der Mandeln einer statistisch signifikanten Anzahl normaler Kinder jeden Alters zu vermessen. Die Analyse der Zahlen, die sich auf 5.670 normale Kinder bezog, zeigte einen Höhepunkt vergrößerter Mandeln im Alter von vier Jahren (infantile Hypertrophie) und wiederum ungefähr um das zehnte Lebensjahr herum (puerile Hypertrophie). Ein Vergleich mit den Höhepunkten der Mandeloperationen in der Hals-, Nasen- und Ohrenklinik zeigte dann, daß diese mit den Höhepunkten der Hypertrophie zusammenfielen. Aus englischen Statistiken kam die zusätzliche Information, daß von 4.587 Todesfällen nach Mandelentzündungen in den Jahren 1911 bis 1920 die höchste Todesrate im Alter von vier Jahren auftrat, nicht aber bei Zehnjährigen. Damit war für von Pirquet klar, daß die Mandelhypertrophie im Alter von vier und zehn Jahren ein physiologisches Phänomen war, das unabhängig von tatsächlich klinischen Notwendigkeiten operativ behandelt wurde. Nach dem zehnten Lebensjahr bildet sich das Lymphgewebe in jedem Fall ganz natürlich zurück.
»Aufgrund dieser klaren Ergebnisse hörte von Pirquet sofort mit der routinemäßigen Mandeloperation auf. Die Operation durfte nur bei strenger Indikation ausgeführt werden, wenn beispielsweise die Mandeln so groß waren, daß sie sich in der Mitte berührten und das Atmen und Schlucken behinderten oder bei immer wiederkehrender Mittelohrentzündung oder Taubheit. Seine Richtlinien gehören zur Standardpraxis der Kinderheilkunde in den Vereinigten Staaten, wurden hier aber erst in den

letzten zehn oder fünfzehn Jahren allgemein akzeptiert.« Wagner verweist auf die Publikation, in der von Pirquet seine Ergebnisse veröffentlichte: »Hypertrophia tonsillarum infantilis et puerilis« in: Zeitschrift für Kinderheilkunde, 39:372, 1925.

3 Wagner widmet dem »Pirquet-System der Ernährung« zwei Kapitel (S. 121-162), das sich nach einem Index des Ernährungsstatus richtet, der aus einem anthropozentrischen Vergleich von Sitzhöhe und Gewicht abgeleitet wurde. Der Begriff »nem« setzt sich zusammen aus *N*ährwert Ä(*E*)quivalent der *M*ilch (S. 134).

4 In den Sommern von 1923 bis 1926 habe ich vom Moll-Institut aus die Kinderverschickung begleitet; das heißt Kinder, bei denen das Risiko einer Tuberkulose bestand, wurden für fünf bis sechs Wochen in eine Art Badeort ins Ausland verschickt. In diesen vier Sommern habe ich die Kinder über die Adria nach Italien begleitet. Wenn ich sie dann im Heilbad abgeliefert hatte, bereiste ich mit dem verdienten Geld auf eigene Faust Italien und erkundete besonders Venedig, Florenz, Ravenna und Siena.

5 Aichhorn, früher Realschullehrer in Wien, begann mit seiner Beratungstätigkeit bei verwahrlosten Kindern unmittelbar nach dem ersten Weltkrieg. Im Dezember 1918 betreuten er und verschiedene andere Kollegen ein Heim für verwahrloste Knaben, das die Stadt Wien in einem ehemaligen Flüchtlingslager in Ober-Hollabrunn eingerichtet hatte. Hier entschloß er sich, die Psychoanalyse bei der Behandlung Verwahrloster einzusetzen. Seine einfallsreichen therapeutischen Strategien, die Mahler beschreibt, stellt er in »Verwahrloste Jugend – Die Psychoanalyse in der Fürsorgeerziehung« (1925) dar. Siehe auch die gesammelten Aufsätze herausgegeben von O. Fleischmann, P. Kramer und H. Ross: »Delinquency and Child Guidance: Selected Papers of August Aichhorn«, New York 1964. Kurze biographische Notizen über Aichhorn schrieben K. Eissler in »Searchlights on Delinquency: New Psychoanalytic Studies«, New York 1949, S. IX – XIII und A. Freud: »Obituary, August Aichhorn«, International Journal of Psycho-Analysis, 32:51-56, 1951. Eine allgemeine Darstellung Aichhorns im Zusammenhang mit den Erziehungsreformen im Nachkriegswien sowie eine kritische Würdigung seiner Beratungstätigkeit bei verwahrlosten Kindern dieser Zeit findet sich bei P.E. Stepansky: »In Freud's Shadow: Adler in Context«, Hillsdale 1983, S. 21ff.

6 Peter Blos und Erik Erikson gehörten ebenfalls zu den häufigen Gästen bei Aichhorns Beratungsbesuchen in den Wiener Schulen.

7 Wagner beurteilt Lazars Abteilung positiver, er sieht darin ein »gewagtes Experiment«, das sich aus von Pirquets Interesse an Psychiatrie entwickelte. Wagner diskutiert natürlich nicht die tatsächliche Behandlung der Kinder in dieser Abteilung, geschweige, daß er auf die routinemäßigen Operationen eingeht, die Mahler so verwerflich fand: »Bei seiner Antrittsvorlesung in Wien schlug von Pirquet eine kinderpsychiatrische Station vor. Kurz darauf wurde eine Station zur Besserung der Erziehung (nach seinen Worten), die Mahler »Abteilung für Heilerziehung« nannte, in der Kinderklinik eingerichtet. Der Stationsvorsteher Professor Erwin Lazar war ein Kinderarzt, der sich auf Psychiatrie spezialisiert hatte und beim Stadtjugendgericht als psychiatrischer Berater tätig war. Sein Stab bestand aus einem Assistenten und einigen Krankenschwestern, die eine Zusatzausbildung in psychometrischen Techniken erhalten hatten. Auf diesem Gebiet galt Lazar als Pionier und das Wagnis, das er und von Pirquet unternahmen, kostete doch eine schöne Portion Mut. Freuds Anhänger fanden sich hauptsächlich unter Laiengruppierungen; die eher konservative Medizinerschaft hatte seine Ansichten über die Psychoanalyse nicht aufgenommen, was auch für die Allgemeinheit galt… Weder Lazar noch von Pirquet waren Freuds Konzepten gegenüber feindselig eingestellt.

»Von Pirquet hegte großes Interesse für Lazars Arbeit: nie versäumte er es, den langen Krankengeschichten bei der morgendlichen Visite auf der Station geduldig zuzuhören. Viele Kinder wurden von der Polizei oder dem Jugendgericht wegen Verhaltensstörungen geschickt. Zunächst wurde ein medizinischer und psychiatrischer Befund erhoben, dann wurden sie eine Zeitlang sorgfältig beobachtet. Gelegentlich stellte sich dann heraus, daß die geistige Abweichung von der Norm auf einer vorübergehenden somatischen Erkrankung beruhte. Manche Entwicklungs- oder Erziehungsfehler konnten durch ein passendes Training behoben werden. Bestimmte Fälle mußten an ein Heim für geistig behinderte Kinder überwiesen werden oder an eine Reformschule. Oft war das Kind normal, hatte aber emotionale Traumata aufgrund falscher Behandlung durch einen Elternteil erlitten, sei es eine hysterische Mutter oder ein alkoholkranker Vater. In allen Fällen zielte die Behandlung auf Behebung der zugrundeliegenden Ursache. Von Pirquet interessierte sich besonders für Abweichungen vom Normalverhalten, die aufgrund organischer Hirnerkrankungen auftraten, so wie sich delinquentes Verhalten beispielsweise nach Encephalitis entwickeln kann. Seine Lieblingsspekulation war, daß plötzliche Veränderungen der Blutversorgung des Gehirns Schwankungen im psychologischen Status des Individuums hervorriefen.« S. 110-111.

4 Auf dem Weg zur Psychoanalytikerin in Wien

1 Obgleich mich Roazens Veröffentlichung über Freuds problematische Beziehung zu Tausk »Brother Animal« (1969) betrübte, ist sein Urteil näher an der Wahrheit als die große Mehrheit der Analytiker wahrhaben will.

2 Ich glaube, einer der Gründe, daß Aichhorn mich in Analyse nahm – und er selber drückte es auch einmal so ähnlich aus – war, daß mein Profil und vielleicht meine Augen sowie mein Akzent ihn an Anna Freud erinnerten.

3 Kurz nachdem Rado und ich in den Vereinigten Staaten angekommen waren, sagte er einmal auf ungarisch zu mir, ihm sei das Studium der Psychoanalyse in Wien wie die Unterwerfung unter die Camarilla vorgekommen. Die Camarilla war unter Fürst Metternich die Geheimpolizei in Österreich, die die Ungarn ausspionierte.

4 W. Hoffer, »Mouth, Hand, and Ego-Integration«, in: The Psychoanalytic Study of the Child, 3/4:49-56, 1949, »Development of the Body Ego,« in: The Psychoanalytic Study of the Child, 5:18-23, 1950; »Oral Aggressiveness and Ego Development,« in: International Journal of Psycho-Analysis, 31:156-60, 1950.

5 Es sollte beachtet werden, daß Dr. Mahler in ihrem Testament die Überführung von Paul Mahlers Asche mit der ihren auf den jüdischen Friedhof in Sopron, Ungarn verfügte.

6 »Während der dreißiger Jahre gebar Editha zwei Mädchen... Während der frühesten Kindheit unserer Töchter war Dr. Margret Schönberger unsere Kinderärztin... Dr. Schönberger publizierte später nach ihrer Verehelichung unter dem Namen Margaret Mahler und ihre Studien der frühesten Mutter-Kind-Beziehung sind von weitreichender Bedeutung und haben ihr Weltruf eingebracht. Als unsere Kinderärztin war sie äußerst gewissenhaft... Wie damals üblich, wurden brustgestillte Kinder vor und nach dem Stillen gewogen, um die Nahrungsaufnahme quantitativ zu bestimmen, und Dr. Schönberger bestand auf der genauen Durchführung der Prozedur. Unsere älteste Tochter gedieh ausgezeichnet unter ihrer Fürsorge. Als unsere zweite Tochter ankam, war Dr. Schönberger zu sehr mit ihren psychoanalytischen Studien beschäftigt, und wir mußten einen anderen Kinderarzt für unsere Kinder in Anspruch nehmen.«

Richard F. Sterba: »Erinnerungen eines Wiener Psychoanalytikers«, Frankfurt 1985, S. 98.

7 Diese Behauptung wie auch die folgende Passage scheinen im Gegensatz zu Mahlers früheren Bemerkungen über die flexible und undoktrinäre Einstellung der »Neutralität« der Wiener Lehranalytiker der damaligen Zeit zu stehen. Der springende Punkt dabei ist natürlich, daß ihre Bemerkungen über die Neutralität als »Leitlinie« sich auf die Lehranalysen bezieht, während die derzeitige Diskussion sich um therapeutische Analysen dreht.

5 Über den Ozean

1 Juden konnten Österreich nicht einfach verlassen. Sie mußten nicht nur für sich selbst Steuern zahlen, sondern auch für die Verluste aufkommen, die durch ihren Weggang der Wirtschaft entstehen würden. Ich mußte also meine Ersparnisse für die Entrichtung der sogenannten Reichsfluchtsteuer für die Angestellten von Pauls Fabrik aufwenden.

2 Ich kann keine posthume Veröffentlichung Abrahams ausmachen, die sich speziell mit der Masturbation befaßt. Bezogen auf Dr. Mahlers Erinnerungen (das heißt ihre Gespräche mit Hedwig Abraham über Hilda, die Tochter der Abrahams) könnte es sein, daß Frau Abraham ihr Abrahams kurzes handgeschriebenes Tagebuch über Hildas Kindheitssymptome und die verschiedenen Gespräche mit ihr gezeigt hat. Dieses Tagebuch wurde in: The International Review of Psycho-Analysis, 1974, Band 1, S. 5-14 unter dem Titel »Little Hilda: Daydreams and a Symptom in a Seven-Year-Old Girl« veröffentlicht. Dieser Artikel enthält folgende Passage: »Sie (Hilda) hatte zugegeben, daß sie masturbierte und war sogar einmal dabei erwischt worden. Ich habe ihr dann gesagt, daß sie damit nicht fortfahren dürfe, denn sonst läge sie nachts wach im Bett, wäre am nächsten Morgen müde und nicht so frisch und lebendig wie die anderen Kinder in der Schule« (S. 6). Wohl kaum eine »tadelnde« Bemerkung, aber Dr. Mahler erinnert sich wohl eher an die darauf folgenden Bemerkungen Frau Abrahams, die sich auf Abrahams Tagebuch bezogen haben könnten.

6 Die ersten Jahre in Amerika

1 Ludwig Jekels und Edith Jacobson waren die einzigen »Ausnahmen« des analytischen Establishments. Man nahm an, daß sie in New York bleiben würden, und so wurden sie nicht aufgefordert, an der Konferenz teilzunehmen.

2 Herman Nunberg, der im Herbst 1934 in New York ankam, erinnert sich eines ähnlich unfreundlichen Empfangs durch die etablierten New Yorker Analytiker. Seine ursprüngliche Bewerbung um Mitgliedschaft in der New Yorker Psychoanalytischen Gesellschaft wurde abgelehnt, weil er sich weigerte, seine Mitgliedschaft in der Wiener Psychoanalytischen Gesellschaft aufzugeben. Nachdem Hitler 1938 Österreich besetzt hatte, bewarb er sich wieder um die Mitgliedschaft und »rechtfertigte diesen Schritt mit der Tatsache, daß ja nun, da die Wiener Gesellschaft aufgelöst wurde, sich die Frage meiner doppelten Mitgliedschaft erübrigt. Zu meinem Erstaunen jedoch, wurde meine Bewerbung einstimmig abgelehnt, wie mir in einem Brief

mitgeteilt wurde, der vom damaligen Vorsitzenden des Ausbildungsausschusses Dr. Adolf Stern unterzeichnet war. Man eröffnete mir, daß ich zwar meine laufenden Lehranalysen und Supervisionen zu Ende führen könnte, aber daß weitere Lehranalysen oder Supervisionen von mir danach nicht mehr anerkannt würden. Kurz darauf erfuhr ich über private Kanäle, daß Sandor Rado diese Entscheidung im Ausbildungsausschuß durchgesetzt hatte, jener selbe Rado, von dem doch alle Mitglieder des Ausbildungskomitees gewußt haben mußten, daß er sich immer weiter von der Psychoanalyse entfernt, selbst ihre Grundüberzeugungen aufgegeben hatte und sich doch immer noch Psychoanalytiker nannte.« Siehe Herman Nunberg: »Memoirs: Recollections, Ideas, Reflections«, New York 1969, S. 64-65.

3 Eine interessante Anmerkung zu meinen Sprachschwierigkeiten: nicht genug damit, daß ich mich wegen meines begrenzten Englischwortschatzes schämte, schimpften mich manche ungarische Kollegen noch, daß ich englisch mit starkem Wiener Akzent spräche. Einige Wochen nach unserer Ankunft in den Vereinigten Staaten, wurde ich eingeladen, bei einer Versammlung der amerikanisch-ungarischen medizinischen Vereinigung einen Vortrag zu diskutieren. Meiner Ansicht nach habe ich mich gut geschlagen, aber nie werde ich die Nachgeschichte zu meinen Bemerkungen vergessen. Nachdem das Treffen vorüber war, ging ich in den Salon, wo mich meine Kolleginnen mit den Worten »Was haben Sie nur für einen entsetzlichen Wiener Akzent« empfingen. Für sie war mein Englisch nicht ungarisch genug und eine Zeitlang haben mich meine ungarischen Kollegen im Lande für eine wahre Renegatin gehalten.

4 Es sollte wiederholt werden, daß eine ganze Reihe New Yorker Analytiker (aber auch von anderswo im Lande) sich um eidesstattliche Erklärungen für ihre europäischen Kollegen bemühten, damit diese nach den Vereinigten Staaten auswandern konnten.

5 »Pseudoimbezilität: Tarnkappe der Unsichtbarkeit« in: Psychoanalytic Charterly, 11:149-164, 1942. Siehe auch »Studien über die drei ersten Lebensjahre«, Stuttgart 1985.

6 M.S. Mahler und L. Rangell: »A Psychosomatic Study of Maladie des Tics (Gilles de la Tourette's disease)« in: Psychiatric Quarterly, 17:579-603, 1943.

7 Dr. Mahler meint zweifellos den Begriff »vorherbestimmte Defizienz.« In ›Symbiose und Individuation – Psychosen im frühen Kindesalter‹ (Klett-Cotta Stuttgart 1979) schreibt sie: »Aus dem eben Gesagten wird deutlich hervorgegangen sein, daß ich das Problem Natur oder Nahrung für überflüssung und hypothetisch halte. Bei der Beobachtung autistischer und symbiotisch-psychotischer Kinder muß man ganz einfach den Eindruck haben, daß die primäre Ätiologie der kindlichen Psychose, die primäre Unfähigkeit des psychotischen Kindes, die katalysierende mütterliche Vermittlerin der Homöostase zu nutzen (wahrzunehmen) angeboren, konstitutionell bedingt und möglicherweise erblich ist oder aber sehr früh in den ersten Lebenstagen oder -wochen extratuterinen Daseins erworben wurde. Mit anderen Worten, es scheint sich um eine vorherbestimmte Defizienz zu handeln (N.D. C. Lewis).« S. 53/54

8 M.S. Mahler und J.A. Luke: »Outcome of the Tic Syndrome« in: Journal of Nervous and Mental Disease, 103, 433-445, 1946.
Siehe auch »Studien über die drei ersten Lebensjahre«.

9 Schon in Wien, wo ich zwei psychotische Kinder behandelte, interessierte ich mich für Kindheitspsychosen. Ich war mir sicher, daß diese beiden Kinder psychotisch waren, das heißt, daß sie weder neurotisch noch organisch behindert, noch geistesgestört waren. Mein Verständnis ihrer Pathologie wurde durch meinen Rorschachtest-Lehrer, Behn-Eschenburg, beeinflußt. Dieser gehörte zur Avantgarde der Schweizer

Forscher, die psychotische Störungen untersuchten und die Diagnose der Schizophrenie umschrieben.

10 M.S. Mahler, J.R. Ross und Z. De Fries: »Clinical Studies in Benign and Malignant Cases of Childhood Psychosis (Schizophrenialike)« in: American Journal of Orthopsychiatry, 19:295-305, 1949.

11 Die Sondergenehmigungen (Immigrationsvisa) für Dr. Mahlers Eltern kam von der Hebräischen Immigranten Hilfsorganisation HIAS (Hebrew Immigrant Aid Society).

12 W. Kornfeld und M. Schönberger: »Untersuchungen zur Frage der sexuellen Differenzierung einiger Körpermaße und Proportionen bei 7jährigen Kindern« in: Zeitschrift für Kinderheilkunde, 47:676- 701, 1929.

13 M.S. Mahler: »Discussion of ›Mother Types Encountered in Child Guidance Clinics‹ by J. Silberpfennig«, in: American Journal of Orthopsychiatry, 11:484, 1941; M.S. Mahler, »Schizophrenia in Childhood« in: Nervous Child, 1:137-50, 1941, Kurzfassung in: Psychoanalytic Quarterly, 13:131-133, 1944.

14 M.S. Mahler und J. Silberpfennig: »Der Rorschachsche Formdeutversuch als Hilfsmittel zum Verständnis der Psychologie Hirnkranker«, in: Schweizer Archiv für Neurologie und Psychiatrie, 40:302-327, 1938.

7 Berufliche Erfüllung

1 Höhepunkt meiner Studien auf diesem Gebiet war »A Psychoanalytic Evaluation of the Tic in Psychopathology of Children: Symptomatic Tic and Tic Syndrome« in: The Psychoanalytic Study of the Child, 3/4 279-310, 1949, siehe auch »Studien über die drei ersten Lebensjahre«.

2 M.S. Mahler und M. Furer: »Observations on Research Regarding the ›Symbiotic Syndrome‹ of Infantile Psychosis« in: Psychoanalytic Charterly, 29: 317-327, 1960, siehe auch »Studien über die drei ersten Lebensjahre«.

3 Später erfuhr ich von einem Mitglied des Nationalinstituts (NIMH), daß bei Furers und meiner zweiten Bewerbung im entsprechenden Komitee folgender Satz fiel: »Wenn Margaret Mahler dies so lohnend findet, daß sie sich von ihrem Lehnstuhl erhebt, dann sollten wir ihr wirklich helfen.«

4 Dr. Furer erinnert sich, daß die Pilotstudie von 1962-1963 durchgeführt wurde. Siehe auch F. Pine und M. Furer: »Studies of the Separation-Individuation Phase: A Methodological Overview« in: The Psychoanalytic Study of the Child, 18:325-342, 1963.

5 M.S. Mahler und B.J. Gosliner: »On Symbiotic Child Psychosis: Genetic, Dynamic and Restitutive Aspects« in: The Psychoanalytic Study of the Child, 10:195-212, 1955, siehe auch »Studien über die drei ersten Lebensjahre«.

Epilog

1 M.S. Mahler: »Pseudoimbecility: A Magic Cap of Invisibility« in: Psychoanalytic Charterly, 11:149-164, 1942; M.S. Mahler: »Les Enfants Terribles« in: Searchlights on Delinquency, herausgegeben von K.R. Eissler, New York 1949, S. 77-89, siehe auch »Studien über die drei ersten Lebensjahre«.

2 Mein Konzept über die infantile Neurose unter dem Aspekt der Loslösung und Individuation habe ich in der Arbeit »On the Current Status of the Infantile Neurosis« in:

Journal of the American Psychoanalytical Association, 23:237-33, 1975 dargelegt. Siehe auch wieder die »Studien über die drei ersten Lebensjahre«.

3 »Nachdem ich diesen Punkt also klargestellt habe, sollte ich doch hinzufügen, daß ich in meiner klinischen Arbeit viel weniger ›prädödipal‹ eingestellt bin, als die meisten meiner Schüler. Überdies ist unsere diagnostische Fähigkeit, die Themen und Probleme der verschiedenen Subphasen, die den Ödipuskomplex ausformen, zu identifizieren, nicht gleichbedeutend mit unserer klinischen Fähigkeit, schwere Strukturmängel, die in diesen präödipalen Subphasen ihren Ursprung haben, ›ungeschehen zu machen‹. Trotz der Bedeutung meiner Entwicklungstheorie bleibe ich eine ziemlich orthodoxe Analytikerin.«

4 Louise J. Kaplan: »Die zweite Geburt – Die ersten Lebensjahre des Kindes«, Nachwort von Margaret S. Mahler, München, Zürich 1983, übersetzt von Hainer Kober.

Nachwort

1 Die Informationen über Margaret Mahlers Beziehung zum Judentum einschließlich ihrer frühen Erfahrungen mit dem Antisemitismus wie auch das Schicksal ihrer Familie während des Holocaust wurden mir von Bernard Fischman übermittelt. Herr Fischman erwähnte diese Details in seiner Grabrede für Dr. Mahler am 6. Oktober 1985.

2 Diese Daten über das Schicksal der jüdischen Einwohner von Sopron nach der deutschen Besatzung vom März/April 1944 erhielt ich von Frau Bernice Apter, die Dr. Mahlers Urnenbeisetzung in Sopron am 1. August 1986 beiwohnte.

3 Das Vorwort zur hebräischen Ausgabe von »Totem und Tabu« (1930) findet sich auf S. 293 der Studienausgabe Band IX, »Fragen der Gesellschaft – Ursprünge der Religion«, Frankfurt 1982.

Materialnachweis für die Vorbereitungen der Memoiren

Interviews (4) von 1969 und 1974 mit Dr. Bluma Swerdloff, Oral History Research Office, Columbia Universität, 117 Seiten

Statement von Margaret Mahler vor dem »Pioneers Panel« auf dem Treffen der Internationalen Vereinigung für Kinderpsychiatrie und verwandte Berufe, Philadelphia, 1. August 1974, 9 Seiten

Interview mit Dr. William Langford, 1970 Videoband

Interview mit Margaret McDonald, New York 1977, 9 Seiten. Abgedruckt in »Psychiatric News« Band 12, Nummer 7, 1. April 1977, Seiten 20-21, 30-31

Interview mit Dr. Milton J.E. Senn, New York, 1. Dezember 1977, 25 Seiten

Kurzfassung der Margaret S. Mahler Memoiren, zusammengestellt von Margaret Mahler und Darlene Levy, ohne Datum, 24 Seiten

Interview mit Dr. Raquel Berman, New York, 23. Juli 1979, Videoband

Interview mit Dr. Eleanor Galenson, Cascais, Portugal, 4. April 1980, Videoband

Interviews von 1980 und 1981 mit Dr. Doris Nagel (ursprünglich als Grundlage der Mahler Memoiren gedacht), New York, 146 Seiten

Interview mit Dr. Doris Nagel, Titel »Autobiographie von Dr. M. Mahler«. Von Alexander Schlesinger für Dr. M. Mahler herausgegeben, New York, ohne Datum, 35 Seiten

Interview mit Dr. Nancy Chodorow, 26. März 1981, New York, 57 Seiten

Interview mit Dr. Joseph Noshpitz, 2. Mai 1981, New York, 35 Seiten

Interview mit Dr. Rose Stein, Hungarian Oral History Project, Oral History Research Office, Columbia Universität 1984, 18 Seiten

Judith R. Smith, »Margaret S. Mahler, M.D.: Originelle Denkerin und außergewöhnliche Frau« in Leah J. Dickstein und Carol C. Nadelson (Herausgeberinnen) »Ärztinnen in Führungspositionen«. Washington, American Psychiatric Press 1986, Seiten 111-119

Nachrufe bei Margaret Mahlers Begräbnis von Anni Bergman, Bernard Fischman, Selma Kramer, John McDevitt und Patricia Nachman, 6. Oktober 1985

Register